W. Weitzel

Die deutschen Kaiserpfalzen und Königshöfe

REPRINT – VERLAG
LEIPZIG

Die zum Teil geminderte Druckqualität ist auf den
Erhaltungszustand der Originalvorlage zurückzuführen.

Die Deutsche Bibliothek – CIP-Einheitsaufnahme

Ein Titeldatensatz für diese Publikation ist bei
Der Deutschen Bibliothek erhältlich.

© REPRINT-VERLAG-LEIPZIG
Volker Hennig, Goseberg 22-24, 37603 Holzminden
www.reprint-verlag-leipzig.de
ISBN 3-8262-2306-3

Reprintauflage der Originalausgabe von 1905
nach dem Exemplar der Sächsischen Landesbibliothek -
Staats- und Universitätsbibliothek Dresden
(Signatur: Hist. Urb. Germ.1206^{OW})

Lektorat: Andreas Bäslack, Leipzig
Einbandgestaltung: Jens Röblitz, Leipzig
Einbandfoto: Torsten Andreas Hoffmann, Goslar
Gesamtfertigung: Westermann Druck Zwickau GmbH

Aachen, die Palastkapelle, Inneres.

Die deutschen Kaiserpfalzen

und Königshöfe

vom achten bis zum sechszehnten Jahrhundert

von

Dr. W. Weißel,

Professor.

———

Mit 45 Abbildungen.

Halle a. S.

Verlag der Buchhandlung des Waisenhauses.

1905.

Vorwort.

Vornehmlich die, leider so wenigen, erhalten gebliebenen Teile vom Palas der Kaiserpfalz Friedrichs I. in der Burg zu Gelnhausen waren es, die mich auf meinen Wanderungen im deutschen Vaterlande durch ihre Klarheit und bezaubernde Schönheit immer von neuem anzogen und fesselten. Sie weckten in mir das Verlangen möglichst alles, was auf dem Gebiete des kaiserlichen Palast= und Wohnbaues von der alten deutschen Reichsherrlichkeit her noch in greifbarer Gestalt oder wenigstens in Bild oder Wort auf uns gekommen ist, kennen zu lernen und zu sammeln. Denn hier liegt ein ebenso bedeutungsvolles Kunstschaffen vor uns wie in der gleichzeitigen hohen Kirchenbauweise, nur auf eigenen Bahnen.

Leider waren die Ergebnisse des Nachforschens, wenigstens was noch Vorhandenes anbetrifft, betrübend. Fast überall hat Brandfackel und Unverstand mit den gesuchten Denkmälern gründlich aufgeräumt, und nur aus oft sehr geringen und verstreuten Aufzeichnungen, und auch da mehr in Wort als in Bild, waren Aufschlüsse über Ort und Zeit des Entstehens, wenig über Bauweise der Kaiserpaläste zu gewinnen, die von den Zeitgenossen oft als das Größte und Prächtigste, was es auf Erden gibt, gefeiert worden sind.

Die Absicht des Verfassers der vorliegenden gedrängten Bekannt= gabe des Gefundenen ist nun die: unter Hinweis auf die zahlreichen verloren gegangenen Schätze altdeutschen kaiserlichen Palastbaues den Sinn der Gebildeten den gebliebenen Denkmälern dieser Art und Kunst möglichst zuzuwenden und dadurch für deren Würdigung und Pflege zu wirken.

Halle a. S. im Mai 1905.

Der Verfasser.

Inhalt.

Übersicht der Abbildungen.

Entstehung und Einrichtung der Pfalzen und Königshöfe.

Die fränkischen Könige bis zum letzten Merovinger herab hatten keinen festen Wohnort, von dem als Mittelpunkt aus sie das Reich regierten. Fast das ganze Land als ihr Eigentum betrachtend, bewirtschafteten sie es von vielen Einzelhöfen, den Königshöfen oder Meierhöfen, aus und führten deren Erträgnisse in eine kleinere Zahl von Schlössern zusammen, die sie mit ihrer Familie und den Hofwürdenträgern bewohnten. Waren die Vorräte in dem einen Schlosse aufgezehrt, so zogen sie in ein anderes, wo sie gleichfalls der Menge der zusammengeführten Lebensmittel entsprechend lange blieben. Dabei war nicht ausgeschlossen, daß sie auch einen Einzelhof bezogen; nur daß die kleineren Gebäude und die geringere Menge Vorräte der Zahl der den König begleitenden Hofstaaten und der Dauer des Verbleibens engere Grenzen setzten, als das umfangreiche Königsschloß es tat. Diese Königshöfe wurden aber nur der Gelegenheit entsprechend als Königswohnung aufgesucht. — Der Gewohnheit der Franken folgend, und da bei der weiten Ausdehnung des Frankenreichs Überfälle äußerer Feinde bereite Abwehr nicht heischten, waren die königlichen Schlösser unbefestigt. Doch wo es galt, wichtige Urkunden und Schätze sicher unterzubringen, war Festungsbau durchaus nicht ausgeschlossen. In der Regel also war das königliche Schloß offen und nur durch einen Zaun oder eine leichte Mauer vor ungebetenen Gästen geschützt. Ein solches Schloß, von der Römerzeit her Palatium genannt, ein Wort, das im Laufe der Zeit in Pfalz umgestaltet wurde, war meist auf etwas ansteigendem Boden angelegt und bestand aus zwei gesonderten Höfen, die miteinander nur durch eine Tür verbunden waren. Der obere Hof enthielt die Wohngebäude für den König und sein hohes Gefolge, die Palatine, und als besonderes Haus den für große Staatshandlungen und zu Festlichkeiten bestimmten Festsaal, den Palas. Von diesem vornehmsten Gebäude des Königsbaues ging der Name „Saal“ oft auf das ganze königliche Schloß über. Der untere Hof enthielt die Wohnungen für die unteren Beamten nebst der Dienerschaft, die Schloßkapelle und die großen Vorratskammern für die Waffen, Kleidungsstücke und die landwirtschaftlichen Erzeugnisse, die von den umliegenden Königshöfen zur Unterhaltung des Hofes hierher zusammengeführt waren. Außerdem waren darin die Wohnräume für die zahlreiche Priesterschaft und die Stallungen für die Pferde. Während der obere Hof gegen den unteren nur einen Ausgang hatte, nach außen meist keinen, hatte der untere ein oder mehrere Tore nach außen.

Außerhalb aller Einfriedigung wohnten die Landarbeiter, Handwerker, Künstler; letzteres besonders, wenn infolge Anwachsens des Hofstaates es im Palaste an Platz mangelte. — Der einzige feste Unterschied zwischen Palatium und Königshof, welch letzterer auch palastartig anwachsen konnte, blieb jedoch der, daß der Königshof keinen Festsaal, Palas, hatte. Seine Hinzufügung machte also den Königshof zum Palatium; und das Palatium wiederum konnte durch Zunahme der Ansiedelung um dasselbe zur Stadt werden, in die das Schloß schließlich aufging.

So bestand an der Stelle von Aachen seit 496 ein merovingisch-fränkischer Königshof, Meierhof. Pippin der Kleine, der ihn als Majordomus und später als König bewohnte, bezeichnete ihn aber schon 753 als Palatium, während Eginhard, Karls des Großen Ratgeber und Geheimschreiber, erst von 805 an ihn so nannte, nachdem Karl d. Gr. ihn von 768 bis 788 unter Eginhards Beistand dazu hatte umbauen lassen. Und schließlich nahm die entstehende Stadtansiedelung Aachen ihn ganz in sich auf. Mindestens teilweise ist es so mit der Salzburg und der zu ihren Füßen liegenden Neustadt an der fränkischen Saale gegangen.

Als Schlösser der Merovingischen Könige auf später deutschem Boden werden genannt: Andernach, Bodman am Bodensee, Boppard, Diedenhofen, Düren, St. Goar, Heristal bei Lüttich, Horrea, später in das Kloster Horrea in Trier umgewandelt, Isenburg bei Koblenz, Jupella a. d. Mosel, Kirchheim im Wormsgau, Marelage bei Kirchheim im Unterelsaß, Mersen bei Herzogenbusch, Nuhusen im Wormsgau, Pfälzl, Salecio oder Selz im Elsaß, Salzburg a. d. fränk. Saale, Seben, Speyer, Straßburg, Trajectum ad Mosam = Mastricht, Trajectum ad Rhenum = Utrecht, Trier, Ulm, Worms. — Sie alle sind im Laufe der Zeit vom Erdboden verschwunden, wenn auch von einigen sich bis auf unsre Zeit Spuren noch erhalten haben. Diese Paläste waren mehr oder weniger von Holz erbaut, und nur der Palas von Stein. Noch weniger widerstandsfähig als sie waren die kleineren, noch leichter gebauten

Königshöfe oder Hofgüter, so in Aachen, Arnstadt, 704 erwähnt, Armestat (vielleicht in Belgien gelegen), Aschaffenburg, Erfmuotingen, wo Karl Martel wohnte, Fulda, 742 als Curia Regia bezeichnet, Göttingen, Herrenbreitungen, Köln, Langlar, noch erhalten in Clare, Schlettstadt, Sinzig am Rheine.

Gelegentlich eines Berichtes über die Salzburg bei Neustadt an der fränkischen Saale werden als die wirklich vorhandenen Bestandteile dieses königlichen Palastes, wie sie schon in den römischen Kaiser- und Präfekten-Palatien vollzählig enthalten sein mußten, aufgeführt: „1. der Vorhof, proaulium, 2. das Empfangszimmer, salutatorium, 3. der Saal, in welchem Streitsachen angehört und abgeurteilt wurden, consistorium, 4. das Speisehaus, wo an 3 Tafeln geschmaust wurde, trichorus, 5. die Winterwohnungen, zetae hiemales, 6. die Sommer-wohnungen, zetae aestivales, 7. der Saal, in welchem zur Ergötzung der versammelten Großen Wohlgerüche angezündet wurden, epicaustorium et triclinium accubitaneum, 8. die warmen Bäder, thermae, 9. der zu Rede- und Disputierübungen bestimmte Saal, gymnasium, 10. die Küche, coquina, 11. der Ort, wo das Wasser zu den Bädern einströmt, columbus, 12. die Rennbahn, hippodromus." Zu den notwendigen Gebäuden gehörten auch die Schatzkammer und die Münzstätte. Alle diese Häuser und baulichen Einrichtungen sind, dem damals noch auf niedriger Stufe stehenden Kunstverständnis und dem meist wohl auch geringen handwerklichen Können der Zeit nach der Völkerwanderung in Ausführung und Ausstattung entsprechend herge-stellt und in jedem merovingischen Königspalaste bis auf die Zeit Karls d. Gr. vorhanden gewesen. Diese Häuser, einschließlich des eigent-lichen Wohnhauses für den König und seine Familie, bestanden nur aus dem Erdgeschosse, meist in Fachwerkbau. Für das damals bei den Fürsten in besonderer Gunst stehende Vergnügen der Jagd und des Fischfangs war durch die Anlage der Paläste an großen Gewässern und ausgedehnten Wäldern bestens gesorgt.

Die Bautätigkeit der Karolinger.

Pippin der Kleine, auf den Thron gelangt, führte im Bau der königlichen Schlösser keine Neuerung ein. Karl d. Gr., am 2. April 742 oder 747 höchstwahrscheinlich auf dem seit 496 bestehenden fränkischen

Königshofe in der damals unbedeutenden Stadt **Aachen** geboren, begann mit der von 768 bis 788 währenden Umwandlung dieses Königshofes in ein großartiges Königsschloß die Reihe seiner gewaltigen Schöpfungen auf diesem Gebiet und trieb, unterstützt von seinem Ratgeber Eginhard, die Künstler an neue Ausdrucksformen für seine Pläne zu finden. Fast gleichzeitig mit dem Königsbau zu Aachen schuf er die zu Nymwegen und zu Ingelheim. Weder von dem merovingischen Königshofe noch von dem karolingischen Palaste zu Aachen ist außer der vielfach umgebauten Palastkapelle und den im jetzigen Rathause der Stadt Aachen enthaltenen Umfassungsmauern des Palas Karls d. Gr. oberhalb der Erdoberfläche ein Überbleibsel bis auf unsere Zeit gekommen; nur was der Spaten aus der Tiefe zum Vorschein gebracht hat, kann uns ungefähr sagen, welche Stellung zueinander die einzelnen Gebäude gehabt haben und welche Maße. Denn mit einziger Ausnahme der Palastkapelle sind die merovingischen Grundmauern von Karl, wenn auch unter teilweiser Verstärkung, beibehalten worden und haben alle oberirdischen Verwüstungen überdauert.

Die Hofhaltung Karls d. Gr. verlangte um der vielen Menschen willen, die in Aachen zusammenkamen, zunächst eine Ausdehnung der Anlage; es entstand eine besondere Ansiedelung im Westen. Um diese und um die beiden vorhandenen nach Nordosten ansteigenden Höfe wurde eine einfache Mauer gezogen. Im oberen Hofe waren sämtliche Gebäude auf der dem inneren, freibleibenden Platze, dem jetzigen Chorusplatze, zugewandten Seite durch einen überdeckten Gang miteinander verbunden. Dieser war zuerst aus Holz gezimmert und mit bunten Farben angestrichen, später aus Stein aufgeführt, also daß er, ähnlich dem Kreuzgange der Klöster, auch bei Regenwetter den trockenen Übergang von einem Hause zum andern ermöglichte. Den Unterschied der neuen Gebäude von den alten betreffend sind erstere wegen der aufzunehmenden größeren Menschenmenge weiter und höher als die früheren; die Wände dicker und von behauenen Steinen gebaut, aber noch mit kleinen Fenstern versehen. Von innen waren sie meistens mit Holz vertäfelt: das ersparte den damals noch mühsamen Verputz mit Mörtel und hielt wärmer. Das vornehmste Haus, der Festsaal, war wohl das einzige Haus, das nicht nach der Weise des alten Holzbaues unmittelbar auf den Erdboden gestellt wurde, sondern auf die Balkendecke eines Kellers ein paar Fuß über dem Erdboden, — so daß es noch als Fortsetzung des Erdbodens gelten konnte, — der Fußboden gedielt oder mit einem Estrich versehen. Der mit Holz getäfelte Deckenabschluß wurde von Balken getragen, die auf vorspringenden

Kragsteinen ruhten. Das ganze Haus war gegen das Wetter geschützt durch ein hohes Dach aus eichenen Stämmen, mit Schindeln oder Stroh auf Hangelruten, Dachlatten, gedeckt. Geheizt wurde der große Raum durch mächtige Kamine, deren Schornsteine weit über das hohe Dach hinausragten.

Wie dieses größte Haus waren alle übrigen einstöckig, und nur die Wohnräume des Königs und der Großen des Reichs mehrstöckig; das Haus des Königs wohl mit einem flachen Dache versehen, so daß der König von hier aus alle im oberen Hofe Verkehrenden sehen konnte. In diesen mehrstöckigen Häusern gab es Treppen; bei den nur ein= stöckigen gelangte man über Sprossen= oder über angelegte Treppen= leitern auf den Dachboden. Die Bearbeitung der Werkstücke ist nach römischen Vorbildern ausgeführt, ebenso die Herstellung des Mörtels und das Gefüge, wenn auch alles noch unvollkommen; so daß zu schließen ist: unter Baumeistern, die aus Italien herbeigerufen waren, haben einheimische Bauarbeiter gearbeitet und dabei gelernt.

Damit nun die Grundmauern des merovingischen Festsaales den neuen tragen konnten, wurden sie verstärkt. Diese Grundmauern schlossen unterhalb des Erdbodens 5 nebeneinander liegende Keller= abteilungen ein und oberhalb des Erdbodens noch einmal 5 Keller= abteilungen, die auf den unteren standen. Die untere Reihe hatte 3,15 m lichte Höhe, die obere 3,6 m; jeder Keller hatte eine Balken= decke. Der hierauf stehende Festsaal kehrte seine beiden 46,45 m haltenden und 1,73 m dicken Langwände nach Norden und Süden; die ebenso dicken und 20,45 m Breite haltenden Giebelwände nach Westen und Osten. Vielleicht auf beiden Langseiten, sicher auf der nördlichen, führte eine steinerne Treppe zur Mitte derselben empor. Von den Mitten dieser Langseiten sprangen nischenförmige halbrunde Ausbaue von 6,6 m Halbmesser, an der Westseite ein solcher von 9,1 m Halbmesser in der ganzen Höhe von 18,2 m der Umfassungsmauer des Saales hervor. Der aufgedeckte Grundriß dieses Palas mit seinen halbrunden Nischen und den beiden Schiffen, die durch eine Reihe von 4 Säulen, die den Saal der Länge nach durchschnitt, erzeugt waren, erinnert deutlich an den altrömischen Festsaalbau, die Basilika. Die Trümmer der Festsaal= mauern stecken seit 1358 noch in den jetzigen Rathauswänden. Jene 4 Säulen standen auf den 4 Quermauern der Keller und stützten die 4 Querbalken der Decke, eine fünfte Säule stand in der Mitte der westlichen Nische, demnach auf der westlichen Grundmauer; sie waren dem Durchblicke durch den Saal nicht günstig. Die Nische jeder Lang= wand, oder nur die der nördlichen enthielt eine Tür und über dieser

wahrscheinlich ein Fenster, die westliche nur Fenster. Daß die Fenster-
höhlen von einem straff gespannten durchsichtigen Stoff ausgefüllt, daß
sie mindestens im Winter durch dichtschließende hölzerne Laden versperr-
bar waren, ist aus der Heizbarkeit des Festsaales zu schließen. Das
Wohnhaus des Königs stand südöstlich vom Festsaale und wahrscheinlich
gleichfalls auf merovingischer Grundmauer. Neben dem Wohnhause,
im Norden von ihm, war das auf das Vorhandensein warmer Quellen
gegründete Warmbad mit Schwimmbecken für 100 Menschen angelegt.
Von den anderen Wohnhäusern ist nichts ermittelt. Die im unteren
Hofe gelegene Palastkapelle, das Frauenmünster, war eine Art Rundbau
mit 8 gebrochenen ebenen Umfassungsflächen und zur Begräbniskapelle
bestimmt. Auch hatte Karl viele Heiligtümer aus Konstantinopel
hierher bringen lassen, die in dem Münster aufbewahrt wurden, und
zu denen viele Pilgerfahrten in der Folge gemacht wurden. Es wurden
dabei gezeigt Josephs Hosen, das Hemd der Maria, das Tuch der
Enthauptung Johannes und viele andere Altertümer.

Den Kern der Kapelle bildete ein Achteck auf 8 Pfeilern umgeben
von einem zweigeschossigen Umgangsschiffe. Dieses bestand aus 8 Ge-
vierten, die sich je an eine Seite des Mittelbaues anlehnen und sich
nach innen im Rundbogen öffnen. Zwischen je 2 dieser Gevierte schiebt
sich ein Dreieck ein, so daß das Umgangsschiff im Äußern 16seitig
erscheint. Über diesem unteren Schiffe läuft an der Innenseite ein
Kranzgesims, und auf diesem stehen 8 Arkadenbogen als Öffnungen
des Obergeschosses des Umgangsschiffes. Jede Öffnung enthält auf
2 unteren Säulen 2 obere mit dazwischen liegendem wagerechtem Gesimse.
Über dem Dache des Umgangsschiffes, das sich an die emporsteigende
Wand des Mittelbaues anlehnt, öffnet sich der Mittelbau innerhalb der
8 ebenen Wandflächen in 8 großen Fenstern. Diese 8 frei aufsteigenden
Wandflächen tragen eine Kuppel mit Trommel und durchbrochener
Deckplatte und darüber einen gewölbten Abschluß.

Das untere Geschoß des Umganges ist von Kreuzgewölben, das
obere von einem Tonnengewölbe überspannt. Der Durchmesser des
Achtecks beträgt 15,7 m, die Breite des Schiffes 8,2 m, die Kuppel-
höhe 31,4 m; die Höhe des Untergeschosses im Schiffe 7,4 m, die des
Obergeschosses 8,5 m im Äußeren; am Achtecke über dem Schiffdache
11 m. Die ringsum laufende Empore war für die Hofgemeinde bestimmt; dem im Osten liegenden Altare gegenüber auf dieser Empore
befand sich der Stuhl des Kaisers. Im Osten legte sich an den Mittelbau als Chor ein einfacher viereckiger, zweigeschossiger Vorbau an,
5,08 m im Innern breit, 5,38 m tief. Dem Chore gegenüber im Westen

eine turmartige Vorhalle 8,84 m im lichten lang, 6,24 m breit, vorn offen; darüber ein Obergeschoß, über diesem die Glockenstube für eine oder mehrere Glocken, und darüber ein Dachraum. Eine Treppe in der Mauerdicke führte da hinauf. Zwischen der Umfassungsmauer des Rundschiffes und der Vorhalle traten 2 rundliche Ausbauten, die Treppentürme, hervor; der Zugang geschah vom Schiffe aus und führte zum Obergeschoß dieses wie der Vorhalle. Im Gegensatz zu der im Äußeren

Das Münster in Aachen.

einfach gehaltenen Kapelle stellte sich die Vorhalle als ein mächtiger und schwerer Turmbau dar. Im Westen öffnete sich die Vorhalle in einer sehr großen im Halbkreise überwölbten Bogennische, deren Rückwand gerundet war.

Ein über der Nische des Untergeschosses der Vorhalle angebrachtes Fenster erhellte das Obergeschoß derselben. Die runden Treppentürme überragen das Achteck; ihre dem letzteren zugekehrten Flächen sind eben; zwischen ihnen springt der Vorhallenbau um 0,7 m hervor. Die Dächer der Türme sind kegelförmig, hinten gewalmt.

Die Ausführung des ganzen Baues ist meist sachlich gerecht, sauber und scharfkantig, überlegt, sinnreich. Die vielfach schlecht behauenen

Steine, auswärtige aller Art, sind den römischen warmen Bädern entnommen. Die äußeren Verblendsteine der Kapelle wie der andern Baulichkeiten stammen aus der Aachener Gegend selbst.

Die Größe der Anlage, ihre Pracht und Schmuck waren bis dahin ungesehen. Papst Hadrian I. hatte Karl d. Gr. gestattet aus Italien, vornehmlich aus dem Kaiserpalaste zu Ravenna, römische Kunstwerke, namentlich Säulen und Mosaiken, zu entnehmen, ebensolche aus Trier. Gebaut ist die Palastkapelle unter Eginhards Leitung 796 bis 804 von Ansiges, dem Architekten Odo von Metz und dem Bildhauer Udalricus. Die Türen waren in Erz gegossen. Eingeweiht wurde sie von Papst Leo II. 804; als Vorbild hatte gedient St. Vitale zu Ravenna. Und selbst St. Vitale ist allen königlichen Bauten damaliger Zeit entsprechend zurückzuführen auf die ebenfalls kaiserliche Hofkapelle Hagia Sophia in Konstantinopel als auf ihr Vorbild. — Es darf wohl an dieser Stelle darauf hingewiesen werden, daß die Aachener Palastkapelle wieder Vorbild und Anregung gegeben haben mag zum Bau der späteren zweigeschossigen Palastkapellen, wie sie in den schönsten Kaiserpfalzen Friedrichs I. in Eger und vielleicht auch in Gelnhausen sich vorfinden: denn Friedrich I. hat auch in Aachen an der Wiederherstellung des dortigen Palastes arbeiten lassen.

In der Palastkapelle zu Aachen wurde seinen Verfügungen gemäß Karl d. Gr., der am 28. Januar 814 in Aachen starb, begraben; doch weiß man jetzt nicht, wo dies damals geschehen war. Sein Grab wurde 1000 von Otto III., 1165 von Friedrich I. geöffnet; 1215 ließ Friedrich II. die Gebeine Karls d. Gr. aus dem Proserpina-Sarkophage, in dem sie lagen, in eine kostbare Truhe, den Karlschrein, legen, in welcher sie bis gegen 1798 auf dem Hochaltare sich befanden. Damals wurden sie in die Sakristei übergeführt. Die dabei aufgefundenen Reichs-insignien wurden nach Wien gebracht.

Otto III. liegt im alten Chore der Palastkapelle zu Aachen begraben.

In dieser Kapelle sind seit 814 mit Luwig d. Frommen beginnend bis 1531 mit Ferdinand I. 37 Könige und 14 Königinnen gesalbt und gekrönt worden. Wurden sie anderswo gekrönt, so pflegten die Kur-fürsten von hier die Reichskleinodien, die hier aufbewahrt wurden, zur Stelle zu holen.

Auf der Westseite schloß sich an die Kapelle eine Vorhof an, gleichfalls mit besonderer Vorhalle auf seiner Westseite. Seine Länge von Osten nach Westen betrug 40,6 m, seine Breite 17,4 m. Die süd-liche Einfassung dieses Vorhofes bildete eine Reihe von 5 Kapellen und eine Begräbniskapelle mit den hinter diesen liegenden Wohnräumen der zu diesen Kapellen gehörigen Priester. Die nördliche Einfassung wies gleichfalls Kapellen mit dahinter liegenden Wohnräumen auf. In der Mitte des Vorhofes stand ein Brunnen. Hinter der nördlichen Kapellen= und Häuserreihe lag der Konziliensaal oder das Sekretarium; nord= westlich von diesem wieder Wohnungen der Geistlichkeit; diesen entsprechend ebensolche im Südwesten. Ohne die Rektoren der Kapellen war die Geistlichkeit 40 Mann stark.

Ein 113 m langer zweistöckiger, im lichten 4,7 m breiter, jedenfalls im Untergeschoß durchaus gewölbter Gang führte von der Südwestecke des Festsaales aus nach Süden, wo sich ein gedeckter Gang anschloß, der unter dem westlichen Teile der Palastkapelle hinwegführte.

Die porta Regia, durch welche bei festlichen Gelegenheiten der König und Kaiser mit seinem Hofstaate vom Festsaale aus in die Kapelle zog, war das im Westen gelegene Haupttor; alle übrigen Türen der Kapelle waren zu klein dazu.

Das waren die Hauptgebäude des Kaiserpalastes; alle übrigen Gebäude, welche dem Hofstaate, der Dienerschaft und den Handwerkern dienten, waren nur Bedürfnisbauten und deshalb leicht zerstörbar. So befand sich ursprüglich nordöstlich von der Kapelle das Heiliggeistspital; das brannte 1146 ab und wurde dann an die Nordseite derselben verlegt. Ein Wildgehege mit Fischteichen zog sich im Südosten bis Burtscheid zur Aufnahme lebendigen Wildes für den Bedarfsfall hin. Ein Küchen= garten fehlte auch nicht.

Infolge wachsender Unsicherheit wurde 844 der Kaiserpalast in ein Kastell umgewandelt; doch ist er schon 882 von den Normannen zerstört worden. Die Palastkapelle aber leistete vermöge ihres festen Mauergefüges unbezwingbaren Widerstand. Im Westen des jetzigen Rathauses, der Stelle des ehemaligen Saales, ist noch ein halbrunder Turm, der Granusturm, welcher zwar dem ehemaligen Palast angehört haben soll, doch wohl nicht sicher von der Zeit Karls d. Gr. her.

Einen andern Palast baute sich Karl d. Gr. burgartig auf dem Lindenberge, einer Anhöhe auf der Flußseite zu **Nymwegen** an der Waal, den Salkenhof; sowohl er selbst wie seine Nachfolger hatten hier oft ihr Hoflager. Doch wurde der Palast von den Normannen zum ersten Male 881, nach seinem Wiederaufbaue zum zweiten Male 1046 verwüstet. Hier sind Otto III. 979 und Heinrich VI. 1165 geboren. Friedrich I. hat den Palast wieder herstellen lassen. Von diesem Er= neuerungsbaue scheinen auch die Trümmer herzurühren: Säulen und romanische Rundbogen, welche an den Palas in Gelnhausen erinnern.

Ein andrer merovingischer Königshof, der auch später zum königlichen Schlosse umgeschaffen wurde, war in **Tribur** im oberen Rheingau; jetzt steht dort ein Marktflecken dieses Namens. Die Lage zwischen
Mainz und Worms, den damals bedeutendsten Städten Ostfrankens,
der große Königsforst zwischen Stockstadt am Main und Stockstadt am
Rhein, der jetzt wohl noch vorhanden ist, waren für einen königlichen
Aufenthaltsort sehr günstig. Daß darum Karl d. Gr., der dieses Land
zum Hauptsitz seines Reichs erheben wollte, oft in Tribur gewesen ist,
ist sehr wahrscheinlich, wenn auch geschichtlich nicht erweisbar. Man kennt
von dem Palaste weder den Bauherrn, noch die Bauzeit, noch das
Aussehen. Und ebensowenig sind auch nur Spuren von ihm übrig
geblieben. Er kann von Karl d. Gr. erbaut sein. Das Palatium Tribur
wird aber zuerst 829 erwähnt. Jedenfalls im altromanischen Stile
erbaut hatte er stattliche Räume für hohe Gäste. Zu den Zeiten des
Geschichtschreibers Tritthemius um 1500 sollen noch die Mauern des
zerfallenen Schlosses gestanden haben. Ein großer Brand von 1504
oder 1540 hat auch diese zerstört. Marquard Freher fand 1612 nichts
Erhebliches mehr vor. Er hat noch auf einer Anhöhe eine Kirche,
wohl die Lorenzkirche, gesehen; doch ist auch von dieser nichts mehr
vorhanden. Zeiller und Merian sprechen 1645 von einem mit einem
wüsten Graben umgebenen Platze, der Hofstatt. Landesherren und
reichsstädtische Obrigkeiten empfanden kein „Bedürfnis, diese stummen
Zeugen ehemaliger Reichsgewalt auf eigne Kosten zu erhalten". Steine
und Marmorblöcke der Triburschen Reichspfalz sind zu Neubauten nach
Oppenheim, Darmstadt und Mainz gewandert. — In der Nähe des
Marktfleckens Tribur wird noch jetzt eine Niederung Kaiserwoog oder
Kaiserweier genannt. Die Anhöhe, auf der jetzt die Kirche steht, ist
vielleicht vor mehr als 1000 Jahren aufgeschüttet zum Schutze gegen
Überschwemmung durch den Rhein.

Unter Ludwig dem Frommen wurde Tribur ein geschichtlicher Ort.
822 soll eine Kirchenversammlung hier gewesen sein. 829 war Kaiser
Ludwig hier. 832 stand er mit seinem Heere bei Lampertsheim, 839
sammelte er seine Streitkräfte abermals bei Tribur. Ludwig der Deutsche
war hier 870; 871 im Streite mit seinen Söhnen; 874 und 875 hielt
er Reichstage hier. 887 war in Tribur ein Reichstag angesetzt; aber
die Fürsten fielen von Karl dem Dicken ab. Hier entsagte er
der Krone. Arnulf ist oft in Tribur gewesen, namentlich 895 und 897
gelegentlich eines Reichstags. 895 wurde hier auf einer großen Kirchenversammlung verfügt, daß die bischöfliche Gerichtsbarkeit vor der gräflichen den Vorrang habe. „Das Joch des römischen Stuhles müsse

ertragen werden, wenn es auch fast unerträglich sein sollte." Am öftesten hat Arnulfs Sohn, Ludwig das Kind, in Tribur gewohnt. 900 soll ein Reichstag, 905 eine Reichsversammlung hier gehalten sein; es wurden Gewaltmaßregeln gegen den Grafen Adelbert von Babenberg beschlossen. Zwischen 900 und 910 sind von Tribur viele kaiserliche Urkunden ausgestellt worden; ebendaher von Konrad I. und den sächsischen Kaisern Otto I., II. und III.; Otto war 1000 im Palast zu Tribur, Heinrich II. 1008, 1011, 1013. Unter den Saliern wird die Kaiser= pfalz wieder Schauplatz größerer Ereignisse. Konrad II. wurde 1024 bei Tribur in dem untergegangenen Dorfe Campen zum deutschen Könige gewählt; von hier aus zog er den Rhein hinab nach Mainz zu seiner Krönung. Auch 1025 und 1036 war er in Tribur. Heinrich III. bewohnte den Palast 1040 und hielt 1053 einen Reichstag hier. Heinrich IV. war hier 1057, 1064, 1065, 1066. Er hielt in der Pfalz zu Tribur Hochzeit mit Bertha von Susa mit königlicher Pracht. 1076 fand eine Versammlung von Fürsten gegen Heinrich IV. hier statt, in der beschlossen wurde, daß Heinrich IV. nach Canossa gehen müsse. Von da an soll Heinrich IV. Tribur gemieden haben. Das letzte geschichtliche Ereignis in Tribur war der Reichstag 1119 unter Heinrich V. Nicht unwahr= scheinlich ist, daß Lothar von Sachsen und die Hohenstaufen hier ge= wohnt haben. 1249 verpfändete Wilhelm von Holland die Villa, wie sie nur noch hieß, von Tribur an den Grafen Diether von Katzenellen= bogen, und Richard von Cornwallis bestätigte diese Verpfändung unter gewissen Bedingungen. Im 15. Jahrhundert fiel die ganze Grafschaft Katzenellenbogen und mit ihr Tribur an das hessische Fürstenhaus. Von der Kaiserpfalz ist nichts mehr zu sehen.

————

Mit geringerer Wahrscheinlichkeit als Aachen nimmt auch **Ingel=** **heim** im Nahegau für sich in Anspruch der Geburtsort Karls d. Gr. zu sein. Eginhard, der ihm von allen wohl am nächsten gestanden, be= kennt selbst, daß ihm dessen Geburtsort unbekannt sei. Doch ist Karl nach Aventinus hier erzogen; nach diesem Gewährsmanne aber auf Schloß Karlsberg am Würmsee geboren; wieder nach andern in Lüttich, in dessen Nähe Heristal lag. Der „Mönch von St. Gallen" gibt Aachen an. Fest aber steht, daß Karl zwischen 768 und 774 den Palast in Niederingelheim erbaut hat ebenfalls mit Hilfe Eginhards. — Von der höchsten Stelle der Straße zwischen Mainz und Bingen aus hat man eine der schönsten Aussichten in den Rheingau: auf Niederingelheim am Selzbach. „Mitten zwischen den Häusern allerlei Trümmer von zer= rissenem altem Mauerwerk, starke Spuren eines Grabens, Säulenschäfte,

Knäufe von Säulen, eine Tür: nicht malerisch, nur groß und viel."
Das etwas ansteigende Oberingelheim ist älter als der karolingische
Palast war, Niederingelheim jünger. Jenes, gleichfalls am Selzbach
gelegen, wird schon 760 als Zubehör des aus merovingischer Zeit
stammenden alten Palastes genannt. Es konnte also der Sohn des
Königs Pippin sehr wohl hier erzogen werden. König Karl hatte
gleichzeitig die Bauten in Aachen und Ingelheim unter der Beratung
Eginhards begonnen; er konnte darum auch für Ingelheim von der
gütigen Erlaubnis des Papstes Hadrians I. Gebrauch machen, die fertigen
Werkstücke dazu sich aus italienischen Meisterwerken der Baukunst nach
Gefallen herauszubrechen und nach dem Norden zu führen. Welche
Schätze dabei in Italien für immer vernichtet wurden, war dabei
gleichgültig. Das von dort Entführte kam aber sicher dem Bau zu
Ingelheim mehr als dem in Aachen zugute: denn es wurde dieser
nicht nur viel eher fertig; er wies auch eine ungeheure Menge baulicher
Kostbarkeiten aus Italien auf. Ermoldus Nigellus, Abt von Ariane,
Zeitgenosse Ludwigs des Frommen, nennt ihn einen der prächtigsten von
allen jenen vielen Palästen der ältesten deutschen Kaisergeschichte. 100
Säulen haben den hohen herrlichen Bau getragen; mannigfach gestaltete
Dächer, vielleicht mit vergoldeten Ziegeln und Knöpfen, zahlreiche Ein-
und Ausgänge, Bildschmuck im Innern des Saals: die Taten des
Ninus, Cyrus, Romulus, Alexander, Pyrrhus, Hannibal, Konstantin,
Theodosius, Karl Martell, Pippin; Karls d. Gr. Kampf mit den
Sachsen. In der Kirche, die mit Metall gedeckt war, Pfosten von Erz,
Türen mit Gold bedeckt, an den Wänden biblische Darstellungen, links
aus dem alten, rechts aus dem neuen Testamente, — wohl teils gemalt,
teils aus Mosaik bestehend, — diese vielleicht ältere Werke römischer
Künstler. Poeta Saxo, Zeitgenosse Kaiser Arnulfs, sagt: das Ingel-
heimer Schloß habe seinesgleichen nicht; Rom und Ravenna haben
marmorne, herrliche Säulen gesendet — oder richtiger: hergeben müssen
nach altem Brauche — schon aus dem 4. Jahrhunderte, selbst auf
Kosten neuer Paläste. Papst Hadrian I. wird dem Könige Karl
auch die nötigen Baumeister geliefert haben. Mit dem Fortschreiten
des Baues ist wohl auch die Bausucht gewachsen: denn beim Tode
Karls war nach Eginhards Zeugnisse der Bau doch noch nicht fertig.
Eine Beschreibung dieses Palastes gibt es nicht; ebensowenig ist auch
nur der Grundriß wieder aufzudecken. Karl d. Gr. hat oft hier gewohnt: 774, 781, 787 Weihnachtsfest, 788 große Reichs- und Kirchenversammlung und Strafgericht über Tassilo, 791, 807 zweite Synode.
Im Ingelheimer Palast hat Karl seinen ritterlichen Kriegsrat gepflanzt,

auch zu Beſchirm und Mehrung des Reichs den Adel „pro praesidiariis militibus fundirt". Daß ſchon zu Karls Zeiten in Oberingelheim der Sitz einer Art Burgmannſchaft wie in ſpäteren Jahrhunderten geweſen, iſt unwahrſcheinlich. — Die Kirchenverſammlungen wurden in der St. Remigii=Kirche abgehalten. — Nach der Sage ward durch den Tod ſeiner Lieblingsgattin Saſtrada dem Kaiſer Karl der Beſuch auch von Ingelheim verleidet, und er zog ſich auch der warmen, ihm wohltuenden Bäder wegen mehr nach Aachen zurück. Karls Sohn, Ludwig der Fromme, liebte die Rheingegend und hat deshalb oft im Ingelheimer Palaſt Wohnung genommen. Er empfing hier 817 die Geſandten des byzantiniſchen Kaiſers Leo des Armeniers, beſchloß 819 mit dem Reichstage den Feldzug gegen Ungarn, hielt 820 einen Reichstag ab, vollzog 823 die Stiftung des Kloſters Corvey. 826 fanden hier 2 Reichs= verſammlungen ſtatt: Geſandte vieler fremder Länder wurden empfangen, beſonders Heriold, der Dänenfürſt, mit Weib und Kind, der hier zum Chriſtentum überging nach dem Zeugnis der Zeitgenoſſen Chorbiſchofs Theganus von Trier und Ernolds. Von hier wurde der Mönch Ans= garius nach dem Norden geſandt, der in der Folge das Erzſtift Hamburg gründete. 828, 831, 838, 839 ſah der Palaſt Ludwig in ſeinen Mauern, zuletzt beim Empfange der Geſandtſchaft des byzantiniſchen Kaiſers Theophilus. Ludwig erkrankte auf der Salzburg, ſ. d., und ſtarb auf einer Rheininſel im Angeſichte des Palaſtes zu Ingelheim. Er wurde in Metz begraben. Lothar hält 840 zu Ingelheim eine Synode. 843 fällt Ingelheim als ein Teil des oſtfränkiſchen Reichs an Ludwig den Deutſchen. Dieſer war ſelten hier, ſo 874 und 876 kurz vor ſeinem Tode; Karl der Dicke ebenfalls ſelten, ſo 887 kurz vor ſeiner Abſetzung. Erſt Otto I. hielt hier wieder Reichstage und Synoden. Das Konzil von 948 war das bedeutendſte; es war von 34 Biſchöfen in Gegenwart Kaiſer Ottos d. Gr. beſucht. Ludwig IV., König der Weſtfranken, unterwarf ſich in Ingelheim dem Urteile der Synode und den Vor= ſchriften Ottos I. Otto II., Otto III., Heinrich II. wohnten oft hier; Konrad II. gleich nach ſeiner Königsweihe. 1030 erſchien Herzog Ernſt von Schwaben vor dem Kaiſer Konrad II. und ward in Acht und Bann getan. Infolgedeſſen fiel Burgund an das deutſche Reich. Heinrich III. feierte 1040 hier das Oſterfeſt. Die Machthaber Burgunds huldigten ihm hier. Heribert, Erzbiſchof von Mailand, bot ihm ſeine Unterwerfung an. 1043 oder 1044 feierte Heinrich III. ſeine Hochzeit mit ſeiner zweiten Gemahlin Agnes von Poitou, der Tochter des Herzogs Wilhelm von Aquitanien, in Ingelheim. Heinrich IV., wehrhaft ge= worden, ſtieg 1066 hier ab, geriet aber mit den Einwohnern des

Dorfes in eine Rauferei. Hier ist er auch 1105, 31. Dezember, durch seinen Sohn Heinrich V. vom Throne gestoßen, „der kaiserlichen Würdigkeit beraubt", und hier sind an ihm durch Erzbischof Ruthart von Mainz und andere deutsche Fürsten die bekannten Greuel verübt worden. Heinrich V. mied dieses Kaiserschloß; seine Nachfolger Lothar von Sachsen und Konrad III. sind hier auch nicht gewesen. Erst Friedrich I., der Fürst mit hohem Sinne für die Kunst, hat Ingelheim wieder besucht und die Paläste Karls d. Gr. hier und in Nymwegen, die schon stark durch Verfall gelitten hatten, in würdiger Art wiederherstellen lassen. In dem neuerstandenen Palaste war es, wo die heilige Hildegard von Disibodenberg ihn besuchte und den Untergang des Kaiserreiches und dessen Zerfall in einzelne Königreiche ihm weissagte. Vielleicht hat dieser Kaiser besonders Bedacht darauf genommen, Gräben und Schutzmauern in verteidigungsfähigen Zustand zu versetzen, wovon die Überbleibsel noch vorhanden sind; denn bald darauf erscheint das Schloß, das der Sitte der Gründungszeit entsprechend offen war, als Festung. So kam es, daß es 1249 dem Könige Wilhelm von Holland seine Tore verschließen konnte und sie ihm erst nach sechswöchentlicher Belagerung öffnete. Zur Zeit Richards von Cornwallis scheint das Schloß wenig gelitten zu haben. Die Stadt soll von Richard von Cornwallis, der von etlichen Kurfürsten zum Kaiser gewählt worden war, weil die Pfandinhaber ihm nicht huldigen wollten, verbrannt worden sein. Adolf von Nassau wohnte wenige Monate nach seiner Erhebung auf den Thron darin 1292. Adolf wie sein Nachfolger Albrecht erwiesen sich den Kurfürsten von Mainz und Köln und dem Domkapitel von Mainz für ihre Unterstützung in Ingelheim erkenntlich. Es scheint aber. daß beide Kaiser nicht im „Saale", dem Kaiserhause, Wohnung genommen haben; sie können sehr wohl bei der Burgmannschaft in Oberingelheim abgestiegen sein, wo es, wie dortige Baureste beweisen, an geeigneten Wohnräumen nicht mangelte. Das große Turnier zu Ingelheim von 1337 hat mit der Kaiserpfalz nichts gemein. Mit diesem Palaste ging es von nun an bergab. Verpfändungen, die damals im Schwung betrieben wurden, und unterlassene Wiedereinlösungen stellten sich auch für den Ingelheimer „Grund" ein. Von Kaiser Karl IV. schreibt der hier geborene und erzogene Sebastian Münster: „Um das Jahr 1360 ließ (1354 war es) Kaiser Karl IV., König von Böhmen, zum Gedächtnis des großen Kaisers Karl diesen Saal erneuern und stiftete ein Kollegium von dem regulirten Orden und unterwarf es dem Kloster zu Prag in Böhmen. Und das steht noch (1560); es sind aber keine Mönche mehr darin. Alle alten Gebäude sind auch ganz verlassen außer der Kreuzkirche.

Die Ringmauern und Gräben sind auch noch in gutem Wesen. Es sind bei meinem Gedächtnis noch 5 oder 6 gegossene steinerne Säulen darin gewesen, die vor langen Zeiten der große Karl von Ravenna aus Italien hat bringen lassen mit anderen Säulen, die er nach Aachen verschiffte; aber Pfalzgraf Ludwig hat sie hernach nach Heidelberg auf das Schloß bringen lassen, wo sie noch sind." Es sind das Syenitsäulen gewesen, die am Brunnen des Heidelberger Schlosses noch stehen; es gibt auch Überreste solcher Säulen in Mainz am Schillerplatze, in Eberbach und andern Orten. 1356 verpfändete Karl IV. die Orte Ingel-heim, den Palast und andres Reichsgut an die Stadt Mainz; von da kam die Pfandschaft an Kurpfalz. Seitdem hat niemand für die Erhaltung des Palastes etwas getan. Kaiser Ruprecht von der Pfalz hatte dann den Bürgern von Ingelheim erlaubt in den „Saal" daselbst, — so nannte man das Kaiserschloß, während man die Landschaft „des heiligen römischen Reiches Tal oder Grund" nannte, — der befestigt und umgraben war, sich einzuwohnen. 1460 erscheint das Schloß noch als eine haltbare Festung. Es wurde vom Erzbischof von Mainz und vielen andern belagert. Beim Herannahen des Pfalzgrafen Friedrich machten sich aber die Belagerer Ludwig von Veldenz, Graf Emich von Leiningen und andere wieder davon. 1540 leisteten Mauern und Türme der Kaiserburg den Truppen des Landgrafen Wilhelm von Hessen noch Widerstand. Die Einwohner des von ihm angezündeten Dorfes Ingel-heim hatten sich in den Palast geflüchtet. Der Landgraf aber konnte nach manchem schweren und teuren Schuß den Saal nicht einnehmen und zog wieder davon. 1628 wurde von dem Machthaber der Unter-pfalz an den Trümmern die Inschrift angebracht: „Vor 800 Jahren ist dieser Saal des Kaisers Karlen, nach ihm aber Ludwig des milden, Kaiser Karlen Sohn, im Jahre 1044 aber Kaiser Heinrichs und im Jahre 1360 Kaisers Karlen, Königs in Böhmen, Palast gewesen. Und hat Kaiser Karlen der große neben andern gegossenen Seylen auch diese Seyl aus Italien von Ravenna anhero in diesen Palast führen lassen, welche man bei Regierung Kaiser Ferdinand des zweiten und Königs in Hispanien, Philipp des vierten, auch dero verordneter hochlöbl. Regierung in der unteren Pfalz den 6. Aprilis anno 1628, als katholischer Glauben wiederum eingeführt worden ist, aufgerichtet." Das war die Grabschrift des einst alles andere überstrahlenden Kaiser-schlosses. 1689 zerstörten die Franzosen das zuletzt noch Bestehende. Die Trümmer heißen dort aber noch: der „Saal zu Ingelheim". 1857 wurde in der Kirche protestantischer Gottesdienst gehalten. Ziemlich groß, war sie ursprünglich dem h. Remigius geweiht. Ist sie in ihrem

Grunde noch die karolingifche Pfalzkapelle, fo ift fie doch vielen baulichen Veränderungen unterworfen gewefen, fo denen von Karl IV.
Das Stift der regulirten Domherren wurde nach der Reformation aufgehoben. Die Kirche ftand lange leer und verfiel gänzlich. Jetzt ift fie
wieder aufgebaut, aber ohne Kunftwert. Zwei Schaftftücke von Granit-
fäulen darin ftammen wohl noch vom karolingifchen Baue her. Ein
alter Grabftein altromanifcher Arbeit zeigt ein Frauenbild mit Krone,
Zepter und Reichsapfel; das deutet auf eine Königin, doch unbekannt,
welche. So ift von aller ehemaligen Herrlichkeit nur die der Landfchaft
geblieben.

Die Kaifer waren durch die Fruchtbarkeit des Landes und die
freie Lage beftimmt worden in Ingelheim zu wohnen. Der Saal lag
etwas an einer Höhe — wie in Aachen — und hatte eine freie Aus-
ficht auf den Rheingau bis Bingen. Auf der Höhe gegen Mainz hat
ein großer Wald geftanden, in dem die Kaifer ihrer Jagdluft gelebt
haben. Von diefem Walde war 1550 bei Efenheim noch ein Stück,
doch wohl als Reichsgut, übrig geblieben. In feiner Fürforge für diefes
Land und die Leute, die es bewohnten, hatte Karl d. Gr. die Einwohner
von Ingelheim befreit von der Abgabe des Zehnten mit Ausnahme
von der Frucht. Sebaftian Münfter gibt ein kleines Bild des Schloffes
aus feiner Zeit. Eine kreisrunde hohe Mauer mit Zinnen und runden
Türmen, von einem Waffergraben mit hölzerner Brücke umgeben
fchließt eine eng zufammengedrängte Häufermaffe ein, in welcher ein-
gefchrieben fteht: Monasterium · Bolater.

Zu den Orten, in welchen Karl d. Gr. öfter Hoflager hielt,
gehörte auch **Frankfurt a. M.** Daß er dafelbft einen Palaft befaß, ift
nicht erweislich; ebenfowenig, daß er einen dort gebaut hat. Jedenfalls
aber hatten fchon die Merovinger dort ein größeres Wohnhaus, einen
Königshof, Villa Francfurt; und diefer ift ficher reich mit Liegenfchaften
ausgeftattet gewefen. War doch das ganze Land zwifchen der Lahn
und Baden-Baden einerfeits und zwifchen dem Rheine und dem oberen
Maine andererfeits, von den Franken den Alemannen abgenommen,
Tafelgut der fränkifchen Könige, welches fie von ihren Meierhöfen aus
bebauen ließen. Es kann nun fein, daß Karl d. Gr. diefe Wohnung
in Frankfurt vergrößert; es kann fein, daß er, ein großer Jagdfreund,
bei der Nähe des dem Reiche gehörenden, auf dem füdlichen Mainufer
gelegenen Dreieichenforftes fich ein Jagdfchloß in der Nähe jenes Wohn-
haufes erbaut hat; jedenfalls hatte er Raum genug für die Mitglieder
des Konzils, das 793 und 794 in der Adoptianer- und der Bilderfrage
hier verhandelte, und für die des Reichskonvents. Das Gebäude ftand

da, wo jetzt die Leonhardskirche steht. — In demselben Jahre starb hier seine Gemahlin Saftrada. Eine Einkehr hier halten zu können war dem Kaiser gewiß bequem, wenn er sein bei Worms gesammeltes Heer durch den Main auf der Frankenfurt gegen die Sachsen führte. Er hat sich noch den größten Teil des Winters 802 zu 803 hier aufgehalten. — Karl d. Gr. erweiterte die von Pippin gegründete Salvatorkirche zu einem Stifte, dem späteren Dome. Hierin predigte Bernhard von Clervaux den Kreuzzug.

Das Palatium insigne et splendidum in Frankfurt baute erst Ludwig der Fromme 822; und schon 823 hielt er hier eine große Reichsversammlung der austrasischen Franken, Sachsen und Wenden ab. — Dieser neue Palast, schlechthin der „Saal" genannt, stand gleich neben dem Sährtore in der nach ihm benannten Saalgasse, östlich vom ehemaligen Königshofe. Der Saal war auf höherem Grunde angelegt als der frühere, den Überschwemmungen ausgesetzte Bau. Er war nicht durch eine Mauer von der Stadt geschieden, sondern ward von der späteren Ringmauer mit ihr als ein Ganzes umschlossen. In dem Palaste wurde 823 Karl der Kahle geboren. Die Hauptseite des Palastes, des Königs Wohnzimmer enthaltend, war gegen den Main gerichtet; im Norden war ein großer Vorplatz, von dem der Römerberg ein Überbleibsel ist. Gegen Osten befanden sich Nebengebäude und die Kapelle; gegen Westen ein Bogengang, der bei üblem Wetter zu Vereinigungen diente. Dieses Haus, des „Reiches Saal", der für das höchste königliche Palatium galt, wurde Lieblingsaufenthalt der Karolinger. Ludwig der Deutsche und seine Gemahlin Hamma starben darin. Frankfurt wurde die weltliche Hauptstadt von dem aus Bayern, Thüringen und Sachsen rechtsrheinisch, dem Speyergau und dem Wormsfelde linksrheinisch bestehenden Ostfranken, wie Mainz die geistliche war.

Arnulf, der wahrscheinlich hier zum Könige gewählt war, verlegte seinen Aufenthalt nach Regensburg, in seine Heimat. In Regensburg ist er auch gestorben. Auch die sächsischen und salischen Kaiser wohnten nicht mehr viel in Frankfurt. Das Wiedererblühen Frankfurts fällt unter die Hohenstaufen. Friedrich I. baute, sein Sohn Heinrich wohnte lange hier. Als aber Friedrich II. den Platz der älteren karolingischen Pfalz der Bürgerschaft schenkte, stand schon nicht mehr viel von jenem Palaste. Unter Richard von Cornwallis gewannen die Bürger von Frankfurt das Versprechen, daß der kaiserliche Palast nie befestigt werden solle. So blieb die Stadt von adligen Burgmännern und einem sie befehligenden Burggrafen verschont. Von da an bis zum gänzlichen Verfalle des Palastes wohnte nur noch der kaiserliche Schultheiß darin. Außer diesem hatten zum Palaste die Ministerialen gehört, welche den persönlichen Dienst beim Kaiser, wenn er im Palaste einkehrte, versahen, den Hoffesten beiwohnten, die Gefälle des Palastes und der Villa verwalteten und über die Untergeordneten Gericht hielten.

„Die Karolinger hatten den Palast sehr reich ausgestattet. Weit umher auf beiden Mainufern war fast alles Land königliches Eigentum, dessen Erträge zur Unterhaltung des Palastes, zur Bestreitung aller öffentlichen Ausgaben, gelegentlich auch wohl zu den Bedürfnissen des anwesenden Hofes verwendet werden sollten. Da aber die Ministerialen, welche diese Einkünfte verwalteten, selbst mit ihrer Besoldung auf sie angewiesen waren, so wurden diese bald von ihnen verschlungen. Die Könige, welche nur selten anwesend waren, kannten den Wert der Besitzungen nicht, die sie nach und nach teils sich entfremden ließen, teils durch Geldnot gedrängt mit grenzenloser Verschwendung verschleuderten. Einiges ward den Ministerialen als Lehen zugeteilt, anderes durch Verjährung aus nutzbarem in wirkliches Eigentum verwandelt, manches der Geistlichkeit zu frommen Zwecken überwiesen, vieles gegen geringe Darlehen verpfändet; das meiste ohne Zweifel veruntreut. Die deutschen Könige erschienen immer geldbedürftig und nur zu leicht geneigt die Siskaleinkünfte für den augenblicklichen Vorteil hinzugeben. Von der Thronbesteigung Rudolphs von Habsburg an war das Verpfänden der Reichseinkünfte und die Erhöhung solcher Pfandschaften, wodurch zuletzt ihre Wiedereinlösung unmöglich ward, an der Tagesordnung und lieferte den Stoff zu einem bedeutenden Teile der in diesem Zeitraum ausgefertigten königlichen Urkunden. Schon in der Mitte des 15. Jahrhunderts blieb beinahe nichts mehr im Reiche zu verpfänden übrig."

Auch der große Palast Ludwigs des Frommen konnte daher — gleich fast allen andern, älteren wie jüngeren — in baulichem Zustande nicht erhalten werden. Er zerfiel, wurde verpfändet zunächst an Gerhard von Bruberg. Infolgedessen zogen die Ministerialen aus Frankfurt weg. Einer der reichsten und angesehensten Bürger Frankfurts, Jacob Knoblauch, löste den zerfallenen Palast von dem Pfandinhaber ein, ließ sich ihn vom Könige Ludwig dem Bayer als Weiberlehen geben und baute ihn, wenn auch in teilweise veränderter Gestalt, wieder auf. Dadurch sicherte er zugleich seinen Mitbürgern die unbestrittene Herrschaft innerhalb der Ringmauern der Stadt. Von Ludwigs des Bayern Bautätigkeit ist nur zu berichten, daß er auf der Spitze des nördlichen Turmes der Leonhardskirche den kaiserlichen Reichsadler anbringen ließ, weil das Stift dem päpstlichen Bannfluche getrotzt hatte.

Der „Saalhof" zeigt jetzt von dem ursprünglichen karolingischen Bau keine Überreste mehr; möglich, daß die Kapelle aus jener Zeit stammt. Der jetzige turmartige Bau mag noch der von Jacob Knoblauch vorgenommenen Erneuerung angehören. 1604 wurden der hohen Mietserträge halber die Gebäude erweitert; 1717 wurde auch die Wasserseite zunächst dem Rententurme vergrößert. Auch 1841 fand ein Umbau statt.

Da schon frühzeitig die Kapelle im „Saale" für die umfangreichere Hofhaltung der Kaiser zu klein geworden war, so hatte Konrad III. eine größere auf dem Samstagsberge erbauen lassen. Von der jetzigen

Der Römer zu Frankfurt a. M.

Nikolaikirche, die dort steht, reichen einige Teile bis ins 15., einige wenige sogar bis ins 13. Jahrhundert zurück. Sie war von 1570 an bis in die Mitte des 19. Jahrhunderts ihrem Berufe entfremdet gewesen.

Auch die jetzige Domkirche St. Bartholomäi war früher kaiserliche Palastkapelle. Friedrich I. wurde hier 1152 zum Könige gewählt. Von da an war Frankfurt die Wahlstadt der deutschen Könige; durch die goldene Bulle wurde sie 1356 amtlich dazu erklärt. Im Dome selbst wurde die Wahl und die Krönung vorgenommen. Bemerkenswert sind die Bestimmungen der goldenen Bulle über einen alten Brauch für den Fall, daß zwei Kaiser zugleich gewählt wurden. — Im Dome ist das Grabmal Günthers von Schwarzburg.

2*

Seit 1562 hielt im Kaiserſaale des Römers, dem Rathauſe von Frankfurt, der gewählte und gekrönte König zuerſt Tafel und zeigte ſich als kaiſerliche Majeſtät vom Balkone aus dem Volke. — Auf dem Römer im Staatsarchive iſt auch die goldene Bulle, deren erſter Teil auf Anordnung Karls IV. in Nürnberg verfaßt - und veröffentlicht worden war, aufbewahrt.

Dem erſten Entſtehen nach wohl die älteſte karolingiſche Hof=
haltung iſt die **Salzburg,** Castrum Salz. Auf einem Höhenzuge mit ziemlich ſteilem Abhange zum linken Ufer der fränkiſchen Saale hinab ragen Neuſtadt gegenüber die gewaltigen Trümmer dieſer ſpäteren Kaiſerburg, der einzigen, die bis auf unſere Tage nie ganz unbewohnt geweſen iſt. Karl Martell hatte ſie als Majordomus und als Fürſt und Herzog vom Thüringiſchen Franken vor dem Jahre 738 als Königshof angelegt, da er der Sitte der fränkiſchen Könige folgend beſtändig in dem ihm unterſtehenden Lande umherzog und daher zu ſeinem Aufenthalte feſte Schlöſſer nötig hatte. Das reichliche Vorhanden=
ſein königlicher Landgüter, die den Lebensunterhalt, großer Waldungen, die unerſchöpfliches Jagdvergnügen boten, beſtimmten ihn auch hier einen Königshof anzulegen. Der damals noch herrſchenden Unſicherheit des Landes begegnend mochte er wohl dieſen ſchon durch ſeine Lage geſchützten Ort künſtlich noch feſter machen. In die fertige Burg be=
rief Bonifacius, dem Karl Martell auf Papſt Gregors II. Empfehlung einen Schutzbrief zu ſeinen Bekehrungsreiſen ausgeſtellt hatte, bald nach 738 eine Verſammlung, in welcher über Neuerrichtung von Biſchofs=
ſitzen und Ernennung von Biſchöfen verhandelt werden ſollte. Am 21. Oktober 741 erteilte Bonifacius den Frankenapoſteln Burkard und Witte in der Burgkapelle die biſchöfliche Weihe, am Tage darauf auch dem Willibald. Auf den 21. April 742 hat Karlmann, der Sohn und Nachfolger Karl Martells in Oſtfranken, höchſtwahrſcheinlich auch auf die Salzburg die Biſchöfe und Prieſter des Landes berufen, bei welcher Verſammlung auch Bonifacius den Vorſitz führte.

Karlmann übergab 747 ſeinem Bruder Pippin, der in Weſtfranken die Regierung führte, die Herrſchaft in Oſtfranken. Er ſelbſt war zuerſt als Mönch in das Kloſter von Monte Caſſino eingetreten; von dort 754 zurückgekehrt wurde er in das Kloſter Vienne an der Rhone gebracht. Da iſt er bald darauf am 17. Auguſt 754 geſtorben. Pippin hatte ſich inzwiſchen von Bonifacius zum Könige des ganzen Franken=
reichs 752 krönen laſſen, und 754 hatte ihm Papſt Stephan III. durch Salbung nochmals die königliche Weihe gegeben.

Obgleich nun nicht eine Urkunde Pippins den Ausstellungsort Salzburg trägt, ist doch anzunehmen, daß Pippin auf seinen Rundreisen auch die Salzburg besucht hat. So soll er 768 das Osterfest daselbst gefeiert haben. Dasselbe gilt von seinem Sohne und Nachfolger Karl d. Gr. aus der Zeit vor 790. Doch wird von dem erzählt, daß er von der „guten Gelegenheit" im großen Salzforst, den er von hier aus gleich andern großen Wäldern zu Wasser erreichen konnte, angezogen hier einen großen Palast erbaut habe. Sicher ist Karl d. Gr. von Worms aus

Die Salzburg.

auf die Salzburg gekommen und hat nach seines Geheimschreibers Eginhards Angabe dazu den Wasserweg auf Main und Saale benutzt. Zwar hatte Karl den bisherigen Königshof Salzburg durch Vergrößerung und Verschönerung zu einer seiner großen Macht entsprechenden königlichen Burg und Pfalz gemacht, so daß der Bau als Muster eines Palatium Regium gegolten hat, insofern er alle zu einem solchen nötigen Gebäude aufwies. Da Karl jedoch stets mit seiner ganzen Familie und sehr großem Gefolge reiste, stellte sich die Burg bald als nicht groß genug heraus, und es mußte unten im Grunde auf dem rechten Ufer der Saale für die Dienerschaft ein besonderer Königshof angelegt werden. Hieraus ist später aus Unkenntnis die Sage entstanden, der König habe unmittelbar am Fuße des Berges der Salzburg, da wo jetzt das Bad Neuhaus sich befindet, einen zweiten Palast errichtet. Von einem solchen ist aber keine Spur nachgewiesen worden. Aus jenem Königshofe aber und neben ihm ist wohl das heutige Neustadt an der fränkischen Saale erwachsen. Erinnerungen an diesen Königshof haben sich bis in die neuere Zeit in Ortsbezeichnungen forterhalten wie in dem jedenfalls verderbten Worte „königlicher Stall".

Einen zweiten verbürgten Besuch stattete Karl der Salzburg 793 von Regensburg aus ab, wobei er seine beiden Söhne Pippin, König der Longobarden, und Ludwig, König von Aquitanien, empfing. Das letzte Mal war Karl hier im August 803. Er empfing hierbei Gesandte des Kaisers Nicephorus aus Konstantinopel und von dort zurückkehrende Boten, sowie den gegen Venedig Hilfe suchenden Patriarchen Fortunatus; er kann auch hier den ewigen Frieden mit den Sachsen geschlossen haben. 804 berief er hierher eine Versammlung geistlicher und weltlicher Herren, die das Capitulare entwerfen sollten: Caroli Magni Capitulare quarto Imperii anno Datum ad Selz. — Ludwig der Fromme hielt sich des Jagdvergnügens halber längere Zeit des Sommers 826 im Salzpalaste auf und begab sich im September nach Frankfurt zurück. 832 traf er hier mit seiner Gemahlin Juditha zusammen und 840 feierte er hier die Bitttage und das Himmelfahrtsfest. Am 6. und 8. Mai stellte er hier Urkunden aus. Als er sich zu Schiffe nach Frankfurt hatte überführen lassen, hier aber sich schon krank fühlend vom 8. Juni an nur wenige Tage blieb, mußte er bei der Weiterfahrt auf dem Rheine sich auf einer kleinen Insel bei Ingelheim aussetzen lassen. Da ist er am 20. Juni gestorben. Sein Leichnam wurde nach Metz in das Arnulfskloster gebracht. — Auf der Salzburg ist zur Regierungszeit Ludwigs des Frommen als Tochter eines Beamten die heilige Liutbirg geboren, die als Einsiedlerin am Kirchlein in Michelstein im Harze 30 Jahre lang sich dem Unterrichte an junge Mädchen widmete und 865 starb.

Mitte August 841 nach der Schlacht bei Fontenoy war Ludwig der Deutsche auf der Salzburg und im August 842 hielt er in diesem Palaste eine Reichsversammlung ab behufs Vorbereitung eines Kriegs gegen die Sachsen. Ludwig III., der Jüngere, war hier im April 878 und ging von hier auf seinen Lieblingssitz Frankfurt. Kaiser Arnulf empfing im Palaste Salz im Juni 895 eine Gesandtschaft des Obotritenfürsten, 897 eine solche der Sorben. Die folgenden Kaiser scheinen diese Pfalz nicht besucht zu haben; erst Heinrich I. weilte im Oktober 927 und im Sommer 931 hier um im Salzforste bei der Jagd Erholung

zu finden. Eine Urkunde ist von ihm hier am 6. Juni 931 unter=
zeichnet. Otto I. bestätigte hier am 29. Mai 940 dem Bistum Freising
mehrere Urkunden und erteilte im Dezember 941 hier dem Domkapitel
von Würzburg das Privilegium: den Bischof, den bisher die Könige
ernannt hatten, aus seiner Mitte selbst zu wählen. Auch im Februar
947 und ebenso 948 weilte Otto I. auf der Salzburg. Von hier aus
bestätigte er das Erzstift Magdeburg.

Später wohnte kein deutscher König und römischer Kaiser wieder auf
der Salzburg; wohl aber verschenkten Otto II. und Otto III. Kirchen und
Landgüter, die zur Kaiserpfalz Salzburg gehörten, der eine die Kirche Brend
bei dem Königshofe Salz an das Kollegiatstift S. S. Peter und Alexander in
Aschaffenburg, der andere Domänen, Dörfer, Höfe, Waldungen, Jagden,
Fischereien und Leibeigne an seinen Schwager Ezzo, den Rheinpfalz=
grafen. So begannen die Kaiser selber das Reichseigentum zu ver=
kleinern. Schließlich machte Otto III. der Möglichkeit das Reichseigen=
tum fürder noch weiter zu verkleinern dadurch ein schnelles Ende, daß
er das ganze Kaiserschloß Salzburg und den Königshof unten im Tale
mit allem dazu gehörigen Lande zum Seelenheile seines Vaters Ottos II.
und seiner Mutter Theophanie dem Bischofe von Würzburg, Grafen
Heinrich von Rothenburg, schenkte. Nur ein kleines Gut war von
dieser Schenkung ausgenommen: das hatte nämlich der Kaiser schon
vorher einem gewissen Gotzo geschenkt. So ist allerdings diese Kaiser=
pfalz bei Zeiten dem Schicksale entgangen, dem die meisten andern
großen Pfalzen verfielen: von den Kaisern verpfändet und von ihren
bestellten Hütern veruntreut zu werden. Was aber infolge früherer
Überlassung zur zeitweisen Nutznießung jener großen Schenkung ent=
gangen war und sich bei seiner Rückgabe an das Reich als dem Reiche
gehörig herausstellte, das beeilte sich Kaiser Heinrich II., der Heilige,
schon am 12. November 1002 ebenfalls dem Bischofe Heinrich von
Würzburg zu übergeben. — Der Schutz der Pfalz und die Verwaltung
des zu ihr gehörigen Krongutes war gegen den dritten Teil der Er=
trägnisse den Gaugrafen des Grabfeldes übertragen gewesen. Einen
besonderen Burggrafen gab es auf der Salzburg nicht. — Seit jener
Übergabe an den Bischof von Würzburg ging das Kaiserschloß durch
viele Hände, und viele Ritter richteten sich häuslich in ihm ein, so daß
noch jetzt die Grenzsteine der einzelnen Besitzer, Ganerben, durch das
ganze Schloß verteilt zu sehen sind, selbst einer mitten auf der Schwelle
einer Haustür. 1434 hat das große Schloß noch unversehrt dagestanden.
1517 kauften die Herren von Thüngen das Schloß von den Herren
von Schneeberg. Im Bauernkriege 1525 wurde es „zu Grunde ge=

brannt". Beſchreibung und Abbildung in Erz bei Eccardus in notis ad Leibnizii disquisitiones de origine Francorum S. 262. Es wird behauptet, daß von der Salzburg die ſaliſchen Geſetze, leges salicae, gegeben ſeien; andere leiten salicae von Saal, kaiſerlicher Palaſt ſchlechthin, ab.

Die Grundgeſtalt des Kaiſerſchloſſes war dreiſeitig. Die eine, nach außen gewölbte Seite ſchloß den weiten Plan nach Nordoſten ab, die beiden andern, nach innen gebogenen Seiten trafen aufeinander im Südweſten unter abgerundeter Spitze. Dies Palaſtgrundſtück war zu äußerſt von einem breiten und tiefen, trockenen Graben mit vorge= lagertem Walle umgeben, dem nach innen eine ſtarke Mauer ringsum folgte. Im Nordoſten führte früher eine hölzerne, ſeit 1737 eine ſteinerne Brücke über den Graben, vor welchem die aus dem Tale herauf= führenden Wege endeten. Rechts am Innenrande des Grabens ſtand ein ſechsſeitiges Türmchen: von hier aus wurde die hölzerne Zugbrücke bedient. Geradeaus führte der Weg weiter durch einen viereckigen Torbau in das Innere der Burg: den Burghof. Die Toröffnung iſt in einem Halbkreiſe, der frühromaniſche Bogenfrieſe zeigt, geſchloſſen. Über dem Torbaue ſtieg der Wacht= und Verteidigungsturm in 4 Stock= werken in die Höhe. Das Mauerwerk beſtand aus Buckelquadern. Die zu oberſt aufgeſetzte Wohnung des Torwächters, ein Sachwerkbau, iſt verſchwunden. Wegen Baufälligkeit iſt dieſer Turm vor 1800 teil= weiſe abgetragen. Durch eine beſondere Mauer von der in der nörd= lichen Ecke liegenden Vorburg ganz abgeſchloſſen befand ſich die könig= liche Wohnung. Sie beſtand wieder aus einem Vorhofe mit den Wirtſchaftsgebäuden und der auch von hier aus zugänglichen Palaſt= kapelle und einem inneren Hofe mit den königlichen Wohnhäuſern an der weſtlichen und ſüdlichen Seite, einem Wachtturme, dem noch heute benutzten, ſehr tiefen Brunnen mit Tretrad, der Küche und Wohnräumen wohl für fürſtliche Gäſte. Vor dem ſüdlichen Wohnhauſe ſtand, halb auf der Umfaſſungsmauer, aber außerhalb derſelben ein Treppenturm mit angefügtem Altane.

In die Ringmauer ſind, namentlich in ihrem öſtlichen Zuge, mehrere viereckige Wachttürme eingefügt; einige andere ſtehen im Schloßhofe neben den Eingängen zu den abermals durch Mauern ab= gegrenzten einzelnen Gebäudegruppen. Die Ringmauer ſteht beſonders auf der Oſtſeite noch teilweiſe unverletzt da. Die gegenwärtig vorhandenen Gebäudemaſſen ſind in 5, durch Mauern ſcharf voneinander geſchiedene Gruppen geteilt, welche 5 adligen Geſchlechtern, Ganerben, im Nutz= nießbrauche gehören; doch bewohnen dieſe Geſchlechter ſchon ſeit langer

Zeit nicht mehr ihre Häuser. Diese befinden sich vielmehr in stark verfallenem Zustande und dienen, da landwirtschaftliche Bedarfshäuser hineingebaut sind, höchstens ländlichen Pächtern und einem Aufseher zur Wohnung. Die ehemals königliche Wohnung in der Südwestecke der Burg ist jetzt eben nur eine dieser 5 Gruppen. Die alte Palastkapelle, in welcher Bonifacius Bischofsweihen vollzogen hatte, ist 1725 in ihrem letzten Überbleibsel vom Erdboden verschwunden. Am 12. Juli 1841 wurde in Gegenwart des Königs Ludwig I. von Bayern der Grundstein zu dem gegenwärtigen Neubau gelegt; am 8. Oktober 1848 wurde die Kirche durch den Bischof von Würzburg, Georg Anton von Stahl, geweiht. Letzterer hat als Grundherr auch den größten Teil der Bau=kosten getragen. Der Turm über der Eingangstür ist 24 m hoch.

Was alles, wenn auch nur als Bruchstücke, aus der Zeit, da die Kaiser noch auf der Salzburg Wohnung nahmen, auf uns gekommen ist, läßt sich nicht mit einiger Sicherheit feststellen, da die Ganerben von 1002 an viel Zeit darauf verwenden konnten ihren Besitz nach ihren Bedürfnissen umzugestalten. Wohlerhalten ist neben dem starken Mauerwerke der Befestigung und mancher Umfassungsmauer von Wohnhäusern der neben der Kapelle befindliche, 75 m tiefe Tretrad=brunnen, dessen Wasser noch heutigen Tages getrunken wird. In dem „Schütthause", welches ganz in der südwestlichen Ecke des Burghofes steht und im 16. Jahrhundert als Getreidespeicher benutzt wurde, ist noch ein Senstergesims, das aus der Karolinger Zeit stammen soll. Im 18. Jahrhundert stand und auch zum Teil jetzt noch steht die Brustwehr auf dem östlichen Zuge der Ringmauer; der Altarstein der Pfalzkapelle ist 1725 in den Dom nach Würzburg gebracht. In der Mitte des vorigen Jahrhunderts stand noch die mit einem Bogen geschlossene Pforte der Kapelle. Sehr alt ist der Wachtturm in der südwestlichen Häusergruppe. Er und 4 andere Türme hatten keinen Eingang zu ebener Erde, sondern erst in 7 bis 8 m Höhe, vom nächsten Gebäude aus auf schmaler, hölzerner Stiege zu erreichen. Die Räume des zuerst genannten dieser 5 Türme unterhalb des hohen Eingangs dienten als Gefängnisse, in die die Gefangenen, wie bräuchlich, hinabgelassen wurden. Erwähnt sei noch, daß dieser Gefängnisturm eine herrliche Umschau in die Landschaft gewährte: ein Vorkommen gleich dem bei anderen könig=lichen Pfalzen. Ein anderer viereckiger, steinerner Turm, mehr im Osten des Burghofs errichtet, wird als ehemalige Münzstätte bezeichnet. Nach einer Bestimmung Karls d. Gr. von 805 durften nur in königlichen Pfalzen Münzen geprägt werden. Und so wird auch diese große Salzburg eine Münze gehabt haben, vielleicht bis daß 1292 der Amtssitz von der

Salzburg mit der Münze nach Neustadt verlegt wurde. Der frühesten
Bauzeit scheint noch anzugehören ein oben nur 70 cm breiter, aber nach
unten sich erweiternder Schacht; er befindet sich im mittleren der
3 Häuser, die an der Südseite des Schlosses an deren östlichem Ende
stehen. Der Schacht ist jetzt zugeschüttet; er soll aber nur in den außerhalb der Umfassungsmauer vorbeiführenden, aber gleichfalls zugeschütteten
Wallgraben geführt haben. Von dieser südöstlichen Häusergruppe scheinen
namentlich die Türme mit hochgelegenen Eingängen und Verließ ältester
Bauzeit anzugehören.

Zum Kaiserschlosse gehörte auch der in der Nähe liegende sehr
große Salzforst; ein Teil desselben trägt noch jetzt den Namen.

Ein Denkmal späterer Zeit ist das Gebäude mit dem Rittersaale
des Ganerbengeschlechts der Brende neben dem Münzturme, das durch
2 dreiteilige, aus dem 13. Jahrhundert stammende Spitzbogenfenster
dem in den Burghof Eintretenden durch seine Schönheit sofort auffällt.
Sehr wohl aber kann das Haus selbst, in das diese Fenster erst später
eingesetzt sind, in die kaiserliche Zeit hinaufreichen. Von der fünften
Häusergruppe im Nordwesten ist außer einem Keller von den schönen
Gebäuden, wie auf sie aus den wenigen erhaltenen Fenstergewänden
zu schließen ist, fast nichts mehr übrig. Die 1722 durch den Abbruch
gewonnenen Steine wurden in mehreren hundert Fuhren nach dem zwischen Burgberg und Saale gelegenen Bade Neuhaus zu Neubauten
geschafft.

Die größte Tätigkeit im Niederreißen der alten Gebäude aus der
Kaiserzeit und Aufbau neuzeitlicher Familien- und Prunkräume hatte
in der Mitte des 16. Jahrhunderts stattgefunden.

Jetzt ist die Salzburg ein Majorat der freiherrlichen Familie von
und zu Guttenberg. Freiherr Theodor von Guttenberg hat den Burg-
brunnen reinigen und instand setzen, auch den Wachtturm in der südöstlichen Ecke wieder besteigbar machen lassen zum Genuß der schönen
Aussicht; auch mit der Wiederherstellung des Rittersaales dieser Häusergruppe und der Wiederaufforstung des Burgberges wird weiter fort-
gefahren.

Außer jenen 5 Pfalzen werden noch gegen 60 Orte angeführt, an
denen die deutschen Könige Pfalzen gehabt haben sollen. Es läßt sich
aber nicht überall entscheiden, ob an diesen Orten, die oft nur als Aus-
stellungsorte kaiserlicher Urkunden genannt, sonst aber kaum bekannt
sind, Pfalzen im eigentlichen Sinne gewesen sind. Dasselbe gilt von
den als Festen, feste Schlösser, aufgeführten Orten. Urkunden sind
auch ausgestellt worden da, wo sich die Kaiser nur auf der Durchreise

zufällig aufgehalten haben. Und ebenso unsicher ist die Benennung von Orten als Königshöfen. Es sind darum die Unterscheidungen der Wohnstätten nach Pfalz, Feste, Königshof ineinander übergehend.

Aufzählung der Pfalzen.

Aachen s. d.

Albulfivilla im Wormsgau bei Albesheim, beziehungsweise bei Kirchheim in der Grafschaft Leiningen-Westerburg. Palatium Regium. (P. R.) Ludwig d. Fr. 835.

Bisestat zwischen Worms und Mainz. P. R. Karl d. Gr. 873.

Bodman am Überlinger See im Kreise Konstanz, wird zunächst königliches Besitztum genannt; P. R. „Schloß Bodman", in welchem Ludwig d. D., Karl d. D., Ludwig d. K. und Konrad I. gewohnt haben. 917 auf Befehl Konrads I. gänzlich zerstört. 1904 ist der Anfang einer Wiederausgrabung gemacht worden.

Boppard, Pal. aus fränkischer Zeit; Heinrich III. 1047, Konrad III.; 1273 unter Rudolf v. H. Reichstag. „Das Königshaus" zu Boppard.

Diedenhofen. Pippin d. K. und Karl d. Gr. waren gern hier. Reichstage.

Dortmund. P. R., Burgum Imperiale. Karl d. Gr. stiftete 789 ein königliches Tribunal und öffentliches Gericht. Mehrere Reichstage.

Düren a. d. Roer, zwischen Köln und Aachen. P. R. Karl d. Gr. hielt in seiner Pfalz Versammlungen ab, wie schon die fränkischen Könige in der 2. Hälfte des 8. Jahrhunderts Reichstage und Kirchenversammlungen abgehalten hatten.

Flattana, Vlatten bei Aachen in den Ardennen, P. R. Lothar 846. Trümmer noch 1732 vorhanden.

Forchheim. P. R. im 9. Jahrhundert. Unter Karl d. Gr., der öfter hier weilte, auch etliche Male das Osterfest begangen hatte, noch Königshof. Viele Reichs- und Fürstentage; 890 Kirchenversammlung. Lothar I. hat hier sein Testament gemacht. Arnulf 887, er hatte hier die Reichsinsignien verwahrt. Ludwig d. K. 900, Konrad 911. Heinrich II. hatte 1007 Forchheim an das neugegründete Bistum Bamberg verschenkt; Heinrich III. brachte es 1040 wieder unmittelbar an das Reich; aber Heinrich IV. gab es 1062 abermals an das Bistum Bamberg. Auf dem Reichstage 1077 wurde Heinrich IV. abgesetzt, und an seine Stelle Rudolf von Schwaben gewählt. Forchheim wird auch in der späteren Zeit als Königshof· bezeichnet.

Frankfurt s. d.

S. Gallen. Wahrscheinlich P. R.; namentlich hat sich dort Karl d. Gr. oft aufgehalten, ebenso Konrad I. und vielleicht auch Friedrich II.

Hamalunburg an der fränkischen Saale (Hammelburg) P. Haristallum. Karl d. Gr. 777. Auch Villa et Fiscus Regius genannt. Die Amalienburg nach Karls d. Gr. Schwester genannt.

Heilbronn am Neckar. P. R. von Karl d. Gr. nach den 1857 wieder versiegten Heilquellen so genannt. Der Sage nach kühlte er sich, von der Jagd ermüdet, an dem heutigen Siebenrohrbrunnen und er= richtete, von der Heilkraft der Quellen angezogen, das Palatium. Ludwig d. D. 840. Die Kaiser des 12. und 13. Jahrhunderts ver= weilten oft hier. Den Platz der ehemaligen Kaiserpfalz nimmt das Deutschordenshaus ein.

Herenstein, Erstein an der Jll zwischen Straßburg und Schlett= stadt. P. R.; als Schlößchen auch von den merovingischen Königen öfter besucht. Ludwig d. Fr., Otto III. 979.

Herford an der Warne. P. R. Ludwigs d. Fr.

Heristal bei Lüttich am linken Ufer der Maas. Villa publica cum P. R., das fränkische Heristal. Die über dem Marktflecken H. emporsteigende, aber bis auf wenige Spuren verschwundene Burg der Merovinger ist das Stammschloß des austrasischen Majordomus Pippin des Dicken der hiernach Pippin von Heristal hieß. Der Ort war als Familienbesitzung der Karolinger oft auch Aufenthaltsort Karls d. Gr. Heristal gilt neben Aachen, Ingelheim und Karlsberg am Würmsee als Geburtsort Karls d. Gr.

Heristall an der Weser im Kreise Höxter, jetzt Dorf Herstelle, ein militärisch wichtiger Punkt. Hier hatte Karl d. Gr. im Kriege gegen die Sachsen 798 sein Winterlager. Aus diesem Lager entstand eine Burg, P. R. durch Errichtung großer Gebäude auf der Anhöhe am Flusse von seiten Karls d. Gr., 3 Kilometer von Karlshafen entfernt.

Hersfeld. Kloster und Abtei von Pippin 758 durch Bischof Sturm, nach andern durch den Erzbischof Lullus von Mainz gegründet. Mit dem Kloster war eine Königspfalz mit berühmter Schule verbunden. Ludwig d. Fr. weilte oft hier, Konrad I. 916, 917, 918.

Hluna, königlicher Palast Ludwigs d. D., der hier 854 war; unbestimmbar, wo gelegen; ob die Stadt Luna in Westfalen gemeint ist? Ein Fluß Lune mündet oberhalb Geestemünde in die Weser.

Hohensyburg, die alte Sachsenfeste Wittekinds, von der noch graues Mauerwerk steht, im Regierungsbezirke Arnsberg. Heinrich IV. legte von neuem eine Burg an, da der Boden unmittelbar Reichsdomäne war, zur Beschirmung des darunter gelegenen Reichshofes Westhofen. Die Burgmänner gehörten zu des Kaisers Dienstmannschaft. Zur Zeit Rudolfs v. H. wurde das Schloß vom Grafen Eberhard von der Mark 1287 abgebrochen, aber wohl sogleich wiederhergestellt. 1300 ging der Reichshof Westhofen mit dem kaiserlichen Schlosse Hohensyburg als Pfandstück an den Grafen von der Mark über. Das Schloß wurde sofort abgebrochen.

Ingelheim s. d.

Isenburg bei Koblenz, Arx Regia, wahrscheinlich P. R. Karls d. Gr. Wird auch als Geburtsort Dagoberts genannt.

Kaiserslautern, früher Caesarea geheißen, an der Lauter. Ein römisches Kastell, das hier gestanden, soll von Attila zerstört worden sein. Karl d. Gr. habe es wieder aufgebaut und mit einem königlichen Palast geziert. Doch soll schon unter Pippin d. Kl. sich hier eine Pfalz befunden haben. Den Palast Karls d. Gr. habe Friedrich I. erneuert. Die Kaiser seien von Aachen oft hierher gezogen und haben sich zu gewissen Zeiten im Wasgauwalde mit Jagen und mit Fischerei im See, des Kaisers „Wag" oder „Wog" erlustigt. Tatsache ist, daß Friedrich I. 1152 und 53 ein P. R. hier erbaut hat von „großer Zierde und herrlichem Ansehen". Durch den Pfalzgrafen Kasimir wurde der Palast 1577—1583 erneuert und stand 1645 noch fast ganz aufrecht. Doch wurde er im spanischen Erbfolgekriege 1703 durch die Franzosen gesprengt. Jetzt nimmt seine Stelle das Landeszuchthaus ein.

Kaiserswerth, früher Suidbertuswerth. Pippin von Heristal erbaute hier ein Schloß. Von hier aus wurde Heinrich IV. durch Erzbischof Hanno von Köln entführt. Friedrich I. erbaute neu eine kaiserliche Pfalz; von diesem erhielt sie den Namen. Es sind von ihr noch große Trümmer vorhanden.

Karlsburg, -stadt. Schloß mit starken Mauern und tiefen Gräben von Karl Martell, Karl d. Gr. oder 880 von Karl III. erbaut. Arnulf benutzte es als Schatzkammer, wohin die Ostfranken ihren Osterstuf oder Tribut liefern mußten. Auch Villa R. zur Karolingerzeit. Reste des alten Kaiserschlosses sind noch vorhanden. Schon 1747 stand es öde und unbewohnt da.

Kirchheim, vielleicht in der Grafschaft Leiningen-Westerburg gelegen, P. R. aus der Merovingerzeit; Karl d. D. empfing hier Berengar. 887 Concilium Publicum.

Koblenz, Castellum, Curtis R. et P. Regum Francorum. Ludwig d. Fr. weilte gern hier. Seine Söhne hielten hier Beratungen über die Teilung des Reichs, Synode unter Heinrich II. 1012, Conventus Generalis der Wahl Konrads III. 1138. Überbleibsel der Kaiserpfalz waren noch 1732 vorhanden.

Köln. Pippins d. K. vornehmlicher Wohnsitz. Das römische Kastell ward im 5. Jahrhundert in eine königliche Pfalz der ripuarischen Franken verwandelt. Das P. R. war 963 und 965 von Otto I. besucht. Auf der Stelle des ehemaligen römischen Präfektursitzes wurde von

Die Kaiserpfalz zu Kaiserswerth am Rhein vor der Zerstörung durch die Franzosen 1794.

Erzbischof Hildebold der älteste Dom erbaut. Im Saale des Gürzenich sind später Reichstage gehalten worden.

Königshofen im Grabfeld. Curia Regis, Villa. Die Bezeichnung „Saal" deutet darauf hin, daß sich hier ein P. R. befunden hat. Vielleicht hier das Selz von 803. Die Stadt war 1747 noch mit Ravelins und Außenmauern wohl befestigt.

Konstanz am Bodensee. P. R. Die karolingischen Kaiser nahmen hier oft Wohnung. Friedrich I. schloß hier Frieden mit den Longo= barden. Am oberen Markte ist noch jetzt ein unten mit Laubengängen versehenes Haus als Curia pacis bezeichnet, in welchem jenes Ereignis geschehen sein soll. Friedrich II. hat 1212 hier seinen Einzug gehalten.

Kaiſer Sigismund war beim Konzil anweſend. Das Haus, deſſen Saal vor der Papſtwahl Martins V. als Conlcave benutzt wurde, iſt das noch jetzt ſtehende Kaufhaus.

Kreuznach. Bei Kreuznach ſtand die Oſterburg, der fränkiſche Kaiſerpalaſt, vielleicht auf der Gemarkung, die den Namen „Sirnſaal", alter Saal, trägt. 819 iſt die Oſterburg karolingiſche Pfalz; Ludwig d. Fr. bewohnte ſie zuweilen. Heinrich IV. ſchenkte 1065 die Domäne an das Bistum Speyer. Die Heidenmauer auf der rechten Seite der Nahe iſt wahrſcheinlich ein Teil der Pfalz.

Die Kaiſerpfalzruine zu Kaiserswerth.

Langlar. Ein Überbleibſel des Namens ſteckt vielleicht im Namen der Stadt Clare beim Kloſter Huberti; Diverſorium der karolingiſchen Könige bei ihren Jagden im Ardennenwalde, Pal.; Ludwig d. Fr. und Lothar I. waren öfter hier.

Laudenburg, das alte Lobedun am Neckar. P. zur Zeit Dagoberts, Childerichs, Karls d. Gr., der Heinriche, Ottos III.; „Saal der fränkiſchen Könige". Heute noch erinnert „die Saalgaſſe" daran. Der Palaſt hatte Burgmänner, meiſtens die Sickingen.

Lengenfeld a. d. Naab. Otto von Wittelsbach, der Mörder Philipps, wohnte hier als Pfalzgraf. Es wird ſchon 800 erwähnt. Unter Lothar I. ſcheint es eine Pfalz geweſen zu ſein.

Mainz. Seit den ältesten Zeiten bestand hier ein Palast für die fränkischen Könige. Karl d. Gr. hat mit seiner Gemahlin Fastrada hier gewohnt; sie ist auch hier beigesetzt; am Eingange in den Dom befindet sich ihr Grabstein. Auch Ludwigs d. Fr. Gebeine sind von Metz hierhergebracht. 804 Conventus Regalis unter Karl d. Gr. 1011 erhielt Erzbischof Willigis vom Papste das Vorrecht für die Erzbischöfe von Mainz den deutschen König zu krönen und auf allen deutschen und französischen Konzilien den Vorsitz zu führen. 1115 kam Heinrich V. nach Mainz. Das mainzische Volk umgab seinen Palast und forderte mit Gewalt von ihm die Losgabe des von ihm auf dem Trifels gefangen gehaltenen Erzbischofs Adelbert. Heinrich V. gab darauf den Erzbischof frei. Friedrich I. feierte 1184 das großartig schöne Fest in Mainz, auf dem die Herrlichkeit des alten Reichs in vollem Glanze strahlte. Auf dem Tiermarkte ist eine Syenitsäule, die vom zerstörten Palaste zu Ingelheim herstammte, angebracht. Viele Reichstage sind in Mainz gehalten worden. Das P. R. ist spurlos verschwunden.

Matikofen an der Mattich im oberösterreichischen Innviertel, nicht weit von Braunau. Curtis R. cum P. Regum Bajoariae, von Karlmann, Könige von Bayern, und seinem Sohne Arnulf, deutschem Könige und Kaiser, am meisten gepflegt. Karl d. D. 885.

Mersen, Mersenhoven, bei Herzogenbusch, P. R. 9. August 870 Vertrag zwischen Ludwig d. D. und Karl dem Kahlen von Frankreich.

Metz. Palatium R. des Metzer Königreichs oder Austrasiens. Ludwig d. Fr. liegt im Arnulfskloster in seiner Mutter Hildegard Grabe beigesetzt. Seine Gebeine sind später nach Mainz, die der Hildegard in das Kloster zu Kempten übergeführt. Die Einebnung der Lunette d'Arçon beim Bahnhofe im März 1905 führte zur Wiederaufdeckung der Krypta der Abteikirche S. Arnulf. Auf dem Reichstage 1356 verkündete Karl IV. die Goldene Bulle, deren erster Teil in Nürnberg zustande gekommen war.

Nymwegen s. Anhang an Aachen!

Oberwesel. Unter den fränkischen Königen Königshof; P. R. doch nicht angebbar, seit wann? 966 von Otto I. dem Erzbistum Magdeburg geschenkt. Das Vorhandensein eines P. R. wird angezeigt durch bestehendes Burggrafenamt. Vor dem Palaste muß hier eine Burg schon gewesen sein, welche die Arnsteiner, später die von Schönberg inne hatten.

Ostendinc. Palatium in der Diözese Trier.

Osterhoven in Niederbayern, Benediktinerkloster; schon zur Zeit Karls d. Gr. und Ludwigs d. D. bestand P. R.

Paderborn. Karl d. Gr. hielt nach der Bezwingung der Sachsen hier den ersten großen Reichstag ab. Er empfing dabei die Gesandten der arabischen Fürsten von Zaragosa und Huesca. Er berief wie auch seine Nachfolger die Sachsen häufig hierher zu Reichstagen, so 777; eine Volksversammlung 785. Hierher kam auch 799 Papst Leo III. und sprach Karl d. Gr. um Schutz an. Auch die sächsischen Kaiser haben in Paderborn oft Fürsten= und Reichstage gehalten. Paderborn

Rathaus von Regensburg.

entstand aus einem Lager Karls d. Gr. um die Salvatorkirche. Der von Karl d. Gr. aufgeführte Dom brannte 1000 ab. Auch Heinrich II. weilte oft in Paderborn und ließ seine Gemahlin im Dome krönen.

Potana s. Bodman.

Pfälzl, Palatiolum in agro Parisiensi, vielleicht bei Trier, sehr altes Palatium vom 4. Jahrhundert her, später Wohnung des Majordomus, hat die Karolinger überdauert. Der „Palas" wurde von Adalbero und den Trierern gegen Heinrich II. befestigt.

Portenhagen zwischen Eimbeck und Oldendorp. Curtis R. unter Arnulf 888; später wohl P.

Randersdorf, =hoven am Inn bei Braunau, Curt. R. unter Karlmann und anderen bayerischen Königen; P. R. unter Arnulf, der hier ein heiliges Haus stiftete. 1156 und 1180 Reichstage unter Friedrich I.

Regensburg. P. R. Splendidum. Nach 788 war Karl d. Gr. mehrere Male hier. Die deutschen Karolinger, namentlich Arnulf, haben meistens hier Hof gehalten und viel für die Stadt getan; Karl d. Gr. hat den Donau=Main=Kanal hier begründet. Bei Karl d. D. wird Regensburg Curtis R. genannt. 882 stürzte Ludwig, Sohn Ludwigs d. D., aus dem Fenster des Palastes und brach das Genick. Schon unter Heinrich III. und IV. war Regensburg Mittelpunkt des Reiches ge= worden. Unter Friedrich I. sind 1156 und 1180 wichtige Reichstage hier gehalten worden. Nach dem Falle Heinrichs des Löwen wurde Regensburg, die bisherige Residenz der bayerischen Herzoge, freie und unmittelbare Stadt. In ihr waren die Reichsabteien S. Emmeram, Ober= und Niedermünster. In ersterer ist auf seinen Wunsch Kaiser Arnulf beigesetzt worden, auch Ludwig das Kind. Mit der kaiserlichen Pfalz war durch einen Schwibbogen der jenseits der Straße liegende Heiden= oder Römerturm verbunden. Von der Pfalz ist nichts mehr vorhanden. Im Rathaussaale sind von 1663 an bis 1806 die Reichs= tage gehalten worden.

Salecio, Selz im Elsaß an der Mündung der Selz in einen Rheinarm, ein karolingisches P. König Pippin kehrte 768 hierher in das Castrum zurück und empfing hier eine arabische Gesandtschaft. 1494 wurde die Pfalz in eine Präpositur von Jungfrauen verwandelt mit dem Rechte wieder inter status Imperii aufgenommen zu werden.

Salzburg s. d.

Schlettstadt unter den Merovingern Königshof, zur Zeit Karls d. D. P. R. Karl d. Gr. hat 775 hier das Weihnachtsfest gefeiert.

Seben bei Klausen. Auf dem Bilde bei Zeiller und Merian findet sich unter Nr. 4 nur angegeben: „der alte königliche Saal hier gestanden".

Seligenstadt in Hessen, Provinz Starkenburg. Von einer Kaiser= pfalz, das rote Schloß genannt, sind noch Trümmer vorhanden. Egin= hard, Karls d. Gr. Berater, stiftete nach 825 hier eine Benediktiner= abtei. Eginhard und Emma in Sarkophagen im Klostergarten begraben, sind später nach Erbach übergeführt.

Skolinare, vielleicht Schoneck in der Nähe der Kill, P. R. Lothar hat auf dem Wege von Straßburg nach Prüm in der Eifel in Skolinare bestimmt, daß sein Leib in Prüm solle begraben werden.

Speyer P. R. der fränkischen Könige und der deutschen Kaiser von Karl d. Gr. an. Alle königlichen Konvente, Konzilien und öffent= lichen Verhandlungen wurden in der Kanzlei in Speyer gehalten. Vom Kaiserpalaste selbst sind im „Retscher", einer alten unscheinbaren Mauer

Ruine des Retscher zu Speyer.

neben der protestantischen Kirche, nur noch geringe Spuren vorhanden. Von allen Saliern hat Konrad II. das meiste für Speyer getan. Er hat die Stadt erweitert, an Türmen und Mauern verbessert und sie verziert. Als Herzog von Schwaben muß er in Speyer eine herzogliche Burg gehabt haben, die durch ihn zur königlichen wurde. Die größte Bedeutung erlangte er für Speyer dadurch, daß er am 12. Juli 1030 zunächst als Ruhestätte für seinen Sohn Konrad, der durch einen Sturz

3*

von der Hohen-Limburg feinen Tod gefunden hatte, den erſten Stein
zum Kaiſerdome legte und dabei beſtimmte, daß die Kaiſer, die in
Deutſchland ſtürben und für ſich nicht einen beſonderen Ort des Begräbniſſes
beſtimmt hätten, in dieſer Domkirche ſollten begraben werden. Vollendet
iſt dieſer Kaiſerdom erſt bei Lebzeiten Heinrichs IV., geweiht 1061. —
In der noch ungeweihten St. Afrakapelle an dem öſtlichen Ende der
nördlichen Langwand ſtand von 1106 bis 1111 die Leiche des noch im

Dom zu Speyer.

Banne befindlichen Kaiſers Heinrich IV., bis der Bann von ihm genommen war. Von Speyer aus hat Heinrich IV. mit Gemahlin und
Sohne die Wanderung nach Kanoſſa angetreten. In der Gruftkirche
liegen nach Zeiller: 1. Kaiſer Konrad II., 2. deſſen Gemahlin Giſela,
3. Heinrich III., 4. Heinrich IV., 5. deſſen Gemahlin Bertha, 6. Heinrich V.,
7. Philipp, 8. Rudolf von Habsburg, 9. Adolf von Naſſau, 10. Albrecht,
11. Friedrichs I. Gemahlin Beatrix unter einem „eiſen- und wolken-
farbenen Marmorſtein, ſo der Kirchen ein Sarg geſchenkt mit feinem
Silber überzogen, mit klarem Golde und köſtlichem Edelgeſteine geblümt,
darauf ein weißer Marmelſtein mit etlichen Verſen". Sowie 12. Agnes,
Tochter Friedrichs I. Die Kaiſergruft war von den Franzoſen am

31. Mai 1689, nochmals am 20. Oktober 1693, der Dom nochmals vom 10. bis 20. Januar 1794 verwüstet worden. Der Dom ist wiederhergestellt worden unter den 3 ersten Königen von Bayern. Die Kaisergruft ist nochmals geöffnet worden am 16. August und wieder geschlossen am 3. September 1901.

Stirpiacum, nicht weit von Gundulfivilla im lothringischen Königreiche. Palatium in villa publica. Karl d. Dicke 884 hier. Nichts mehr davon vorhanden.

Trecht, Utrecht, Trajectum inferius, war öfter des deutschen Kaisers Sitz.

Trecht, Maastricht, Trajectum superius, Palatium von Dagobert her, 881 von den Normannen verwüstet. Trecht, Trajectum superius, wird auch für Spaa gehalten.

Tribur s. d.

Ulm. Pfalz Karls d. Gr. An seiner Statt entstanden im 13. Jahrhundert die Ordensgebäude des Deutschen Ritterordens, 1712 bis 1718 die Komturei; jetzt teils Schwurgerichtsgebäude, teils Artilleriekaserne. Ludwig d. D. 854.

Waiblingen war eine karolingische Pfalz; Urkunde Karls d. D. von 885, Hoftag von 887. Von den Karolingern kam der Ort an die Salier, welche den Namen „von Waiblingen" annahmen, und von diesen an die Hohenstaufen. Die älteste kaiserliche Burg der Stadt zerstörten 1291 die Grafen von Hohenberg, die neuere 1634 die Kaiserlichen.

Worms ist eine der ältesten deutschen Städte. Von den Hunnen zerstört ist sie nach langem Wüstliegen durch die Könige des Frankenreichs wieder aufgebaut. Diese Könige haben hier neben der bischöflichen eine gewaltige Hofhaltung gehabt. Wie Paris für den westlichen ist Worms für den östlichen Teil des Reichs der Mittelpunkt der Regierung und des Verkehrs gewesen. Wie schon die merowingischen Könige haben von Pippin an viel und gern die karolingischen hier gewohnt. 763 oder 764 hielt Pippin hier eine Fürstenversammlung ab und ein Konzil. 769 wurde Karl d. Gr. hier gekrönt; 770, 776, 786, 787 hielt dieser große Reichsversammlungen hier ab. 772 wurde der Krieg gegen die Sachsen hier beschlossen; 783 feierte Karl Hochzeit mit der Fastrada, einer Tochter des fränkischen Grafen Radolf. 790 hat er das ganze Jahr still gelegen zu Worms. In demselben Jahre oder 791 brannte sein Palast ab, in dem er gerade Hof hielt. Mitteilungen über diesen älteren Palast gibt es nicht. Karl d. Gr. hat hier oft das Weihnachtsfest gefeiert. Auch über den jedenfalls bald darauf aufgeführten Neubau ist nichts bekannt; doch dürfen wir ihn der Bedeutung des Ortes entsprechend groß und kostbar uns vorstellen. Karls Sohn Ludwig d. Fr. hat oft in Worms Hof gehalten; unter ihm fand 829 ein Konzil hier statt. 834 zog Ludwig d. Fr. von Worms aus ins Elsaß gegen seine Söhne; 837 oder 839 versöhnte er sich hier mit ihnen und stiftete in Worms das Jungfrauenkloster Nonnenmünster. 841 hat Kaiser Lothar zu Worms seiner Tochter eine große Hochzeit ausgerüstet. 868 hielt Ludwig d. D. hier ein großes Konzil mit vielen Fürsten und Bischöfen ab. Die vielen Reichstage trugen der Stadt die Benennung „Mutter der Reichstage" ein. Ebenso war 880 großer Versammlungstag in Worms. Nach Ottos III. Tode ist 1002 Herzog Heinrich von Bayern nach Worms gekommen und ist mit Hilfe des Bischofs Burkhard zum König gewählt worden. 1051 hat Heinrich III. mit Papst Leo IX. in eigner Person ein großes Konzil hier gehalten. Unter Heinrich IV. fand hier 1069 eine große Fürstenversammlung statt.

Heinrich IV. hat sich auch 1072, nachdem er zu Würzburg den Ausfall des Kongresses zu Gerstungen, der die Streitigkeiten zwischen ihm und den Sachsen und Thüringern schlichten sollte, abgewartet, längere Zeit in Worms aufgehalten. Auf dem Konzil, das Heinrich IV. 1076 mit allen Bischöfen des Reichs, die sächsischen ausgeschlossen, hier hielt, setzte er den Papst Hildebrand ab. Heinrich IV. und wohl auch Heinrich V. hatten vor Worms ein Lusthaus und ein Schloß, wahrscheinlich das Palatium Wormatiense; diese haben die Wormser zerstört. Heinrich IV., der immer „in großer Kriegsrüstung" sein mußte, hielt die Stadt Worms für sein „Kriegsseß und beste Besatzung", auf die er sich verlassen konnte. Am 6. Juni 1110 wurde in Gegenwart Heinrichs V. der Neubau des Domes geweiht. 1122 kam zwischen Heinrich V. und dem Papste Kalixt II. das Wormser Konkordat zustande. Zu Weihnachten 1155 großer Reichstag unter Friedrich I. nach Vollbringung seines Romzugs. 1235 am 4. Mai hält Friedrich II. seinen feierlichen Einzug in die Stadt, vertreibt den ungehorsamen Bischof und hebt dessen Belagerung auf. Am 15. Juli 1235 feiert Friedrich II. mit Isabella, der Schwester König Heinrichs III. von England, „köstliche" Hochzeit. 1269 hat Richard von Cornwallis großen Reichstag zu Worms gehalten, am 29. November 1273 hält Rudolf von Habsburg mit Gemahlin seinen Einzug in Worms. 1298 wurde Adolf von Nassau 2 Meilen von Worms zwischen Gellenheim und Rosenthal von Albrecht erschlagen. 1352 großer Reichstag unter Karl IV. 1450 und folgende Jahre ist Friedrich (III.) IV. mit großer Herrlichkeit in Worms gewesen; 1495 großer Reichstag unter Maximilian; ewiger Landfriede. 1521 großer

Reichstag im Bischofshofe von 70 weltlichen und geistlichen Fürsten besucht. — Von dem großen Kaiserpalast wurde noch um 1850 ein zum Andenken eingemauerter Stein gezeigt. Die Pfalzverwüstungen hatten nichts von ihm bestehen lassen.

Zürich. Die fränkischen Könige erbauten nach den allemannischen Herzögen auf dem links von der Limmath liegenden Hügel des Linden=hofes ein Palatium, das durch einen Schwibbogen mit dem alten Römerkastell über die Straße weg verbunden wurde. Auch Karl d. Gr. soll in Zürich gewohnt und Recht gesprochen haben; doch ist es unge=wiß, ob das im Palaste der Frankenkönige geschah. Seine Wohnung hieß „zum Loch". Am Münster S. S. Felix und Regula heißt noch der eine Turm „der Karlsturm". An einem Pfeiler des Mittelschiffs ist ein königlicher Reiter vor den zwei Schutzpatronen angebracht. Der Reiter wird als Karl d. Gr. angesehen. Seine Gestalt, wie er mit dem Schwerte auf dem Schoße zu Gericht sitzt, ein Werk aus der Zeit der Ottonen, wurde auf dem Karlsturm angebracht. Er wird seit der Reformation in jährlichem Schulfeste als Schulstifter gefeiert. Ludwig d. D. schenkte der 853 erbauten, gefürsteten Abtei Fraumünster große Liegen=schaften; doch blieb die Abtei immer dem Könige unterworfen. Das Großmünster auf dem rechten Limmathufer gehörte einst ebenfalls zu den königlichen Besitzungen. 889 wurde zu Zürich eine Reichsvogtei errichtet unter einem Vertreter, advocatus, des Königs. 917 ging diese Reichsvogtei an das Herzogtum Alemannien über. Heinrich III. weilte oft in Zürich und hielt hier mehrere Reichstage ab. „Zu seiner Zeit sah die Pfalz alles in sich vereint, was der kaiserliche Hof und die reichen lombardischen Großen an Pracht und Glanz aufzubringen vermochten." Rudolf von Rheinfelden, Herzog von Schwaben, Gegen=könig Heinrichs IV., residierte wieder als Herzog und König selbst in Zürich, wo er seinen Hauptsitz nahm. Die Zähringer Herzöge Bert=hold IV. und V. übten wieder an des Kaisers Statt die volle königliche Herrschaft über Zürich aus und behielten seit 1173 die Vogtei selbst. 1218 nahm Friedrich II. sie wieder an das Reich zurück. Im 14. Jahr=hundert kaufte sich die Stadt von den Steuern frei und brachte die Reichsvogtei an sich. Daneben hatte schon im 13. Jahrhunderte die Pfalz auf dem Lindenhofe zu verfallen begonnen; später wurde sie in einen Festplatz der Stadt umgewandelt, und 1903 das letzte Überbleibsel der einst so berühmten Pfalz entfernt.

Anhang. Engern, in der Grafschaft Ravensberg bei Herford gelegen, und Hohensyburg sollen die Orte gewesen sein, in denen Wittekind Hof hielt.

———

Infolge der Häufigkeit und Gründlichkeit der Verwüstungen, die über das deutsche Land gegangen sind, ist es wohl ausgeschlossen, daß vom ehemaligen Vorhandensein aller Pfalzen, Königshöfe, Reichsschlösser und Burgen Kenntnis auf uns gekommen ist.

———

Befestigte Schlösser.

Sorbenburg bei Eilenburg.

Neben den Pfalzen zunächst, die nicht ursprünglich, sondern erst bei sich herausstellendem Bedürfnisse befestigt waren, hatten die fränkischen und später die deutschen Könige noch meist auf schwer zugänglichen Gebirgsköpfen oder auf steilen Felsen feste Burgen und Schlösser erbaut, wo sie sich selbst zu ihrer eignen Sicherheit und zur Sicherung gegen Raub die Reichskleinodien und Urkunden, sowie ihre oft sehr bedeutenden Schätze an Geld und edlem Metalle unterbringen konnten; so Bodman am Bodensee, zur Zeit der Karolinger königliches Schloß. Auch zur

Königstein.
Nach einer Zeichnung von Ewald Manz, Weimar.

Sicherung der Reichsgrenzen oder von Flußübergängen waren Festen angelegt, so Dornburg an der Elbe bei Barby von Karl, dem Sohne Karls d. Gr. 806 gegründet und nach einem Brande 937 von Otto I. wieder aufgebaut. Dergleichen Burgen waren auch längs der thüringer Saale, der weiteren Grenze des Reichs gegen die Sorben errichtet, woher für sie die Bezeichnung „Sorbenburgen“ entstand. Hierher gehört die bei Eilenburg auf hohem Felsen errichtete Sorbenburg, wahrscheinlich aus der Zeit Karls d. Gr., von der noch ein mächtiger vierkantiger Turm steht. Fraglich erscheint, ob auch die Sorbenburg bei Saalfeld, der hohe Schwarm, hierzu gehört. Sicher aber gehört hierher die Nennung von Halle, wo Karl d. Gr. 806 wahrscheinlich an der Stelle der jetzigen Moritzburg ein festes Schloß angelegt haben soll. Auch soll Duisburg von Karl d. Gr. befestigt worden sein. Aus dem Taunus wird zuerst erwähnt das frühere Nurings, vielleicht Neuring, an dessen Stelle später das feste Schloß Falkenstein trat, das noch 1124 Reichsburg war, wiewohl schon verpfändet. Seit dem Ende des 13. Jahrhunderts trat dafür wieder das Reichsschloß Königstein. Die Burg Hamburg wurde 801 von Karl d. Gr. angelegt; doch soll er dort eine Burg Hamon vorgefunden haben. Die Vögte der karolingischen Burg konnten sich aber schon im 10. Jahrhundert der Normannen und Slaven, gegen die sie angelegt war, nicht erwehren. Von der Reichsburg Glauburg in der Wetterau aus dem 9. Jahrhundert, die noch 1247 als solche genannt wird, ist nichts mehr vorhanden.

Liebenstein und Sterrenberg.
Nach einer Zeichnung von Ewald Manz, Weimar.

Homburg bei Markheidefeld war eine Feste der Karolinger. Der Wein dort heißt jetzt noch „Kalmuth".

Kalsmunt, Caroli Mons, ist ein von Karl d. Gr. aufgeführtes Bergschloß, um welches Wetzlar erwachsen ist. Noch sind auf dem Berge über der Stadt Trümmer von ihm erhalten; ebenso Kuffestein, wohin Karl d. Gr. eine Reichsversammlung berief. Der Name wurde früher auf Königstein im Taunus gedeutet; es ist damit aber entweder Kufstein oder Kostheim nahe bei Mainz gemeint. Landskron bei Oppenheim, Reichsfeste oberhalb der Stadt unter Lothar I. erbaut, wiederhergestellt von Kaiser Ruprecht, der hier am 18. Mai 1410 starb. Auf der Ebene bei Oppenheim wurde am 2. September 1024 Konrad II. zum König gewählt. — 1689 wurde die Feste von den Franzosen zerstört. Manderscheid in der Eifel, ehemalige Reichsfeste.

Salzwedel. Der runde, wiederhergestellte „Karlsturm" soll 780 gegründet sein.

Scheyern. Arnulf baute um 888 zwischen Ingolstadt und München diese Reichsfeste; doch fiel sie nach Arnulfs Tode wieder an die Herzöge von Bayern zurück. Sterrenberg. Die eine der beiden

Karls-Turm in Salzwedel.

Burgen, die unter der Bezeichnung „die beiden Brüder" am Rheine bekannt sind, war ursprünglich Reichsburg. Die andere ist Liebenstein. Das Erzstift Trier brachte die eine Hälfte als Reichspfandlehen an sich; Ludwig d. B. übergab ihm auch die andre Hälfte.

Wiesenburg auf dem Fläming, festes Schloß, angeblich Wasserfeste Karls d. Gr.

Königshöfe.

Königshöfe, auch Meierhöfe genannt, aus der Karolingerzeit, von denen aus die königlichen Landgüter bewirtschaftet und die Pfalzen verpflegt wurden, sind ziemlich viel bekannt. Mancher Königshof dieser Zeit ist später als Palatium aufgezählt, das aus jenem durch Erweiterungsbauten und Errichtung eines Palas hervorgegangen war. Die bekanntesten Königshöfe sind: Andernach, Fiscus Regalis; Trümmer noch vorhanden. Aschaffenburg, Jagdschloß der fränkischen Hausmeier. Basel. Chur in Rhäthien, Reichsgut. Die Ottonen schenkten der bischöflichen Kirche in Chur die Mehrzahl der Reichsgüter dortiger Gegend.

Elze am Zusammenfluß von Saale und Leine, westlich von Hildesheim, unter Karl d. Gr. und ebenso unter den sächsischen Kaisern, die sich oft hier aufhielten, Königshof. Heinrich IV. schenkte 1068 Elze dem Bistume Hildesheim. In der Nähe von Elze war der Sitz des Hauptgerichts im Gudingo. Im sogenannten Krenenholze stand wohl der Königstuhl. — Erfurt. Die Gebäude eines Königshofes, vielleicht auf der Stelle eines Palastes Dagoberts, müssen ziemlich groß gewesen sein, da Ludwig d. D. 852 hier einen Reichstag halten konnte; später müssen sie aber in ziemlich schlechten Zustand, in Verfall geraten sein, da bei dem Reichstage, den 1183 oder 1184 Friedrich I. hier hielt, das Gemach, in dem die Fürsten und Ritter sich aufhielten, zusammenstürzte. Dabei geriet der Kaiser mit mehreren Herren in die darunter befindliche tiefe Grube. 6 Grafen, darunter der von Schwarzburg und der Burggraf Friedrich von Kirchberg, sind in der Grube ums Leben gekommen. „So geschehen auf unsrer lieben Frauen Berge." Hier geschah auch 1181 der Fußfall Heinrichs d. L. vor Friedrich I. Unter Rudolf von Habsburg fand 1287 der Reichstag statt, während dessen Dauer 66 Raubburgen in Thüringen zerstört und gegen 80 Ritter am Leben gestraft wurden. — Slamersheim, nicht weit von Erft in der Eifel, königlicher Hof Ludwigs d. D. Der Hof stürzte 871 in sich zusammen. Fulda, königlicher Hof. Unter Karlmann wurde das Stift von Bonifacius 742 gegründet. Später P. R. daselbst. Konrad I. weilte hier 912.

Der Abt von Fulda erhielt unter allen Äbten Deutschlands den Primat und von Otto I. die Erzkanzlerwürde bei der Königin. Bei der Krönung nahm er der Königin die Krone ab, hielt sie, setzte sie ihr wieder auf, „wie es der Ritus erforderte". Konrad I. ist in Fulda gestorben und in der Klosterkirche begraben.

Frankenburg bei Burtscheid, Lieblingsaufenthalt Karls d. Gr. und der Fastrada; jetzt wieder hergestellt. Göttingen im 8. Jahrhundert Aufenthaltsort für durchreisende fränkische Könige. Geltresheim im Grabfeldgau bei Schweinfurt. Gernsheim am Rhein, 2 Stunden von Bensheim a. d. Bergstraße, Curtis Regia. Hallstadt, vielleicht das Hallstadium zwischen Koburg und Bamberg, Villa

Dom zu Magdeburg.

Regia, durch welche Karl d. Gr. auf seinem Wege von Erfurt nach Nürnberg gezogen ist. Herrenbreitungen a. d. Werra, vom fränkischen Könige Pippin so genannt. Höxter a. d. Weser, Meierhof Karls d. Gr., Villa Regia in einem Erlaß Ludwigs d. Fr. 823. Ingolstadt zur Zeit Karls d. Gr. Meierhof. 806. Karlsberg am Würmsee, angeblicher Geburtsort Karls d. Gr. Kitzingen zur Zeit der Karolinger Meierhof. Lindau kommt in zwei Urkunden als Curtis Lintowa vor. Lustenau = Justinava, Curtis Regalis am Rhein in Vorarlberg, unterhalb des Castrum Hohenembs, Wohnsitz Karls d. D. 887. Magdeburg. Nach der Sage hat Karl d. Gr. den Grund zu Magdeburg gelegt; doch wird auch die Anlage von Burgen auf ihn

zurückgeführt. Celebrissima Villa Regalis. Heinrich I. hat hier Burg=
grafen eingesetzt. Unter Otto I., der oft hier war, 965 P. R. Zu dem
von ihm gestifteten Dome hatte Otto I. nach dem Vorbilde Karls d. Gr.
viele Kunstwerke von Marmor, Granit und Porphyr aus Ravenna
geschickt. 965 wurde der Königshof der Moritzkirche geschenkt. Michel=
stadt soll von Karl d. Gr. seinem Kanzler Eginhard mit vielem Zu=
behör und seiner Tochter Emma, die den Kanzler lieb gewonnen, gegeben
sein. Moosburg in Bayern. Arnulf war oft hier. Mühlhausen
in Thüringen, im 9. und 10. Jahrhundert kaiserliche Domäne; Curtis
et Villa Imperialis, Hospitium Singulare. Otto I. 966, Heinrich II.
1013. Nibalgavia, eine Villa des unteren Rhätiens in der Nähe
von Veldkirchen, rechtsseitig nahe am Rhein. Nieheim bei Paderborn,
nahe bei Steinheim a. d. Amer, Villa Regia Ludwigs d. D. 852.
Oppenheim, Villa Karls d. Gr. 774. Ostermundingen im Salz=
burggau a. d. Salza oberhalb Burghausen. Heinrich III. 1041. Öttingen,
Curtis Regia. 897 feierte der Kaiser Arnulf hier Weihnachten. König
Karlmann von Bayern weilte oft hier und ließ sich hier begraben.
Wegen der Einfälle der Ungarn waren die Kaiser oft hier. Reichenau
auf einer Insel im Bodensee. Karl d. D. ist hier am 15. Januar 888
in Dürftigkeit gestorben und liegt hier schmucklos begraben. Rosbach
bei Friedberg i. d. Wetterau, Curtis Regia Ludwigs d. D. 846. Rott=
weil am Neckar, Curtis et Villa, sive Possessio Regia, im Schwarz=
walde. 763 königliches Gut. Von vielen Kaisern von Karl d. D. an
besucht, besonders von Konrad III., der aus Liebe zur Stadt das kaiser=
liche Hofgericht hier einsetzte. Dieses hatte hier seinen Sitz bis 1784.
Sinzig am Rhein, Villa Regalis, Fiscus Imp., Sedes Regalis; schon
fränkischer Königshof. Friedrich I. und Lothar II. verweilten oft hier.
Soest, karolingische und sächsische Kaiser hielten oft hier Hof. Wasser=
trudingen a. d. Wernitz. Karl d. Gr. soll an diesem Gut Urbem Basi=
licam haben aufbauen lassen. Weiblingen am Einfluß der Iller in
die Donau, Curt. R., Karl d. D. 885, Arnulf 894. Weißenburg
a. d. Altmühl. Karl d. Gr. hat hier den Kanal zur Donau zu bauen
angefangen; oberhalb Weißenburg liegt die Festung. Wiesbaden.
Unter den Karolingern befand sich hier ein Hof Wisibada. Wildis=
hausen nicht weit von Bremen. Otto III. hat, wenn er zu Land war,
gemeiniglich zu Wildishausen im Stift Münster oder Altenburg nicht
weit von Delmenhorst gelegen, und seinen kaiserlichen Sitz und Hof
gehalten. Windsheim a. d. Rannach. Zu Ludwigs I. Zeiten hat es
bereits eine „Basilika", d. i. ein großes königliches Wohngebäude, ge=
geben und ist Villa Regia gewesen mit vielen kaiserlichen Privilegien

begnadet, so daß sie große Bedeutung gehabt haben muß. Wülzburg, wo schon Pippin und Karl d. Gr. sich der Jagd erlustigt haben. Zwickau. Karl d. Gr., Ludwig d. Fr., Heinrich I., Otto III. kamen oft hierher.

Rückblicke.

Die Pfalzen der Karolinger waren gekennzeichnet durch das Vor= handensein zweier Höfe, zumeist ohne jegliche kriegerische Befestigung dieser wie der einzelnen Gebäude in ihnen; durch den leicht zerstörbaren Holzbau der Wohnhäuser, andererseits aber auch durch den nur aus Steinen aufgebauten und dazu festgefügten sehr großen Palas zu ebener Erde und die ebenso gebaute Pfalzkapelle. Der Palas stellte sich noch dar als die wirkliche Fortsetzung des Hofes, also daß er nur um die geringe Höhe der Grundmauer sich über denselben erhob und meist nicht heizbar war; ferner dadurch, daß die sehr großen unverschließbaren Fenster einzig zur Erhellung des Innenraumes dienten, während er selbst bei Festen und großen Staatshandlungen den zahlreichen Mit= gliedern des Hofes, den Recht suchenden Reichsangehörigen, den Ge= sandten fremder Staaten und den Mitgliedern der Reichstage und der Kirchenversammlungen Unterkunft bot bei Witterung, die den Aufenthalt und das Verhandeln unter freiem Himmel unmöglich machte. Das einzige in der ganzen kaiserlichen Pfalz für den Kaiser vorhandene Schutzmittel war die kurze hölzene Treppe zum Palas, die weggenom= men werden konnte, sollten innere Feinde Leben und Freiheit des un= bewaffneten Kaisers bedrohen. Gekennzeichnet waren jene Pfalzen noch durch die breit angelegten Vorratskammern, die für den leiblichen Unterhalt so vieler Menschen auf längere Zeit berechnet sein mußten. — Karl d. Gr. scheint aber doch schon, für Frankreich wenigstens, die Notwendigkeit einer widerstandsfähigen Befestigung kaiserlicher Paläste unter besonderen Verhältnissen vorgesehen zu haben, da die kaiserliche Burg Vermeria bei Compiègne von ihm herrührende steinerne Befestigungswerke, z. B. den Donjon, hatte. Es wäre daher wohl auch nicht unmöglich, daß der Granusturm in Aachen doch von Karl d. Gr. herrührte. — Karl d. Gr. hat zu den schon vorhandenen zahlreichen Königspfalzen aus der Mero= vingerzeit viele neue hinzugefügt, die gegenüber jenen vermöge ihrer Größe und Pracht auf die Bezeichnung Kaiserpfalzen Anspruch erheben konnten, lange bevor es wieder einen römischen Kaiser gab.

Den großzügigen Bausinn hat dieser große Kaiser mit ins Grab genommen. Seine Nachkommen vermochten die Erzeugnisse seines Schaffensdranges, die stummen Zeugen seiner nach künstlerischer Hebung seiner Zeitgenossen ringenden Seele weder vor roher Zerstörung durch Reichsfeinde zu schützen, noch das Zerstörte wieder aufzurichten. Von seinem dritten Nachfolger an ist die Breite und Tiefe der Lücke zu messen, die sich auf dem Gebiete der baukünstlerischen Leistungen bis zu den sächsischen Kaisern erstreckte. Die Normannen von Norden her, die Ungarn aus Südosten deckten mit Axt und Brandfackel schonungslos zugleich die Widerstandsunfähigkeit der freiliegenden Kaiserpfalzen wie die Schwäche des Reiches auf.

Die Bautätigkeit der deutschen Könige von Heinrich I. an bis auf Friedrich I.

Mit Heinrich I. beginnt in deutschen Landen eine neue Bauzeit sowohl für den bürgerlichen Wohnbau als auch für den Wohn= und Festungsbau der Mächtigen. Zugleich tritt eine merkliche örtliche Ver= schiebung ein, indem einerseits die sächsischen Kaiser bei Anlage von Pfalzen und befestigten Wohnsitzen ihr angestammtes Land bevorzugen, und andererseits später der reiche Hohenstaufe Friedrich I. danach strebte mitten durch das Reich von West nach Ost eine enggeschlossene Kette von Herrschersitzen anzulegen.

Die Pfalzen, deren Entstehungszeit von Heinrich I. bis einschließ= lich Friedrich I. reicht, sind zunächst äußerlich dadurch von den vorigen verschieden, daß sie nicht auf flachem, ringsum unbeschütztem Boden angelegt sind und somit jedem Zutritt boten, sondern daß die Sicherheit, die der Ort an sich versprach, bei der Platzwahl besonders in Rechnung gezogen wurde; sie finden sich darum an Abhängen von Bergrücken, wie Allstedt, Dornburg a. d. Saale, oder auf steilen Felsen mit breiterer Oberfläche, aber doch wenigstens nach einer Seite hin gangbarem Abstieg wie Trifels bei Anweiler; oder wie die Harzburg auf einem Bergkegel; im waldigen Berglande wie die Bonneburg, wo die Bodengestaltung selbst dem Fußgänger Schwierigkeiten bietet; auf hohem Ufer eines breiten Stroms wie Tangermünde, auf Flußinseln wie die Pfalz im Rheine und Gelnhausen, oder endlich in der Ebene unter dem Schutze einer Burg auf der dahinter ansteigenden Bergeshöhe wie Tilleda zu Füßen des Kyffhäusers. Die Bauherren haben beim Auffuchen eines geeigneten Bauplatzes meist ein besonders feines Gefühl für das land= schaftlich Schöne bekundet. Der Blick von der Pfalz in das Land hinaus wie umgekehrt der Anblick der Kaiserburg und seiner Um= gebung: beide geben Landschaftsbilder von besonderer Hoheit mit Anmut gepaart.

Dem Schutze, den die Bodengestaltung gab, wurde noch künstlicher Schutz hinzugefügt durch Aushebung tiefer Gräben, Aufwerfen hoher Wälle, Errichtung starker Mauern hinter, von Palisadenzäunen vor diesen. Aus der Pfalz wurde eine große Burg, die wie die Wohn= häuser und die Pfalzkapelle, so auch den Palas enthielt, also daß es nun heißen konnte: der Palas in der Burg zu Gelnhausen, zu Eger usw. — War vielleicht schon in karolingischen Pfalzen ein steinerner Turm, in den sich der Kaiser bei großer Gefahr aus seinen Wohnräumen zu= rückziehen konnte, so bildete nun ein starker, meist viereckiger Turm einen notwendigen Bestandteil der kaiserlichen Pfalz, wenn auch die Familienwohnung des Kaisers selbst schon von Stein gebaut war. Der anfangs immer noch sehr große Palas gab allmählich seinen Beruf auf, Fortsetzung des Hofes zu sein. Die Grundmauer stieg ganz ansehnlich über die Erdoberfläche empor, bildete ein wohnliches Untergeschoß und nahm die aus dem ritterlichen Nachwuchs der Hoffähigen entstehende Leibwache des Kaisers auf; so in Goslar und in Gelnhausen. An Stelle der von Aachen her bekannten Balkendecke der Kellerräume unter dem Palas tritt hier eine steinerne Überwölbung des aus dem Erdboden emporgestiegenen Geschosses, so daß die Hofseite anstatt des früheren einzigen nun zwei zeigte. Und diesen beiden fügte sich sogar noch ein zweites Obergeschoß an. Hierbei kann wie in dem Salle von Geln= hausen das oberste Geschoß ebenso gut wie das mittlere als eigentlicher Festsaal angesehen werden; und es bestehen tatsächlich beide mögliche Auf= fassungen nebeneinander.

Es muß daher angenommen werden, daß schon im 12. Jahrhundert der innere Zusammenhang zwischen Hofraum und Palas mindestens stark gelockert, vielleicht schon ganz aufgehoben war.

Die Macht der Landesfürsten war zu dieser Zeit auf Kosten der kaiserlichen Macht gewachsen; die Herzöge hatten kein Verlangen mehr, sich am Hofe des Kaisers zu sonnen; sie waren selbst, wenn auch kleinere, Sonnen geworden. Die Hofhaltung des Kaisers, wenn er nicht selbst sehr reich war, schrumpfte zusammen: war doch schon seit Heinrich II. so viel Reichsgut verschleudert, verschenkt, verpfändet! Ein großer Palas war nicht mehr nötig. Waren die Kaiser in eigener Person verschwenderisch mit dem Reichseigentum umgegangen, so saßen am kaiserlichen Hofe noch viele Blutsauger, die am wenigsten vermöge ihrer Gesinnung dahin gehörten, es aber um so besser verstanden, Reichsgut an sich zu bringen. Das kaiserliche Amt hatte schließlich keine Einkünfte mehr, namentlich zuletzt seit Karls IV. Herrschaft. Gegen Ende der in Rede stehenden Zeit verfielen die alten Pfalzen; nicht einmal so viel Geld war aufzubringen, daß die einst so herrlichen Gebäude, die für alle Zeiten Muster zur Nachahmung hätten sein sollen, notdürftig vor dem Einsturz bewahrt werden konnten: so in Gelnhausen, so in Friedberg und Trifels. Die große Reichsherrlichkeit, die von 776 an bis zum Ausgange des 12. Jahrhunderts so fröhlich geblüht und die schönsten Früchte auf dem Gebiete des Palastbaues gezeitigt hatte, versank allmählich in die Tiefe und riß diese ihre stolzen Werke mit sich.

Aus der Karolingerzeit übernommene Pfalzen und Königshöfe.

Von den Pfalzen und den mittlerweile zu Pfalzen und Schlössern umgebauten Wohnsitzen aus der Karolingerzeit werden als Wohnsitze der nachfolgenden Kaiser erwähnt: Aachen, Andernach, Bodman, Boppard, Dortmund, Forchheim (Abbildung nebenstehend), Frankfurt, St. Gallen, Heilbronn, Herenstein, Ingelheim, Kaiserswerth, Koblenz, Köln, Königshofen, Konstanz, Kreuznach, Langlar, Laudenburg, Lengenfeld, Metz, Nymwegen, Oberwesel, Ostendinc, Paderborn, Pfälzl, Portenhagen, Randersdorf, Regensburg, Salecio, Salzburg, Speyer, Tribur, Ulm, Worms, Zürich.

An Festen: Dornburg a. E., Duisburg, Hamburg, Oberwesel.

An Königshöfen: Andernach, Aschaffenburg, Basel, Chur, Elze, Erfurt, Fulda, Göttingen, Köln, Magdeburg, Mühlhausen in Thüringen, Rottweil, Sinzig, Wildishausen, Windsheim, Zwickau.

Die neuentstandenen Pfalzen.

Die unter dem Städtegründer Heinrich I. und seinen zum Teil gleichfalls baulustigen, ja sogar oft hoch kunstverständigen Nachfolgern errichteten Pfalzen sind folgende: die Pfalz zu Allstedt.

Die ehemalige Königspfalz in Sorchheim.

Bei Allstedt, einer alten Stadt Thüringens aus den Zeiten Karls d. Gr., am Flusse Rahna oder Rohna gelegen, die eine der fünf in der „Pfalz zu Sachsen" liegenden Städte: Grona, Werle, Wallhausen, Allstedt und Merseburg war, wo der König Hof halten sollte, stand auf einem Höhenzuge über der Stadt die kaiserliche Pfalz

4*

Heinrichs I. Hat auch das große Schloß infolge späteren Neubaues sein Aussehen stark verändert, so stehen scheinbar vom Baue Heinrichs I. herrührend noch starke und hohe Mauerteile. Es sei aber auch hingewiesen auf Einzelheiten, die zur besseren Erhaltung in die neuen Mauern eingefügt sind: so auf Fenstereinfassungen, die aus schräg aneinander gelegten behauenen Sandsteinen bestehen. Heinrich I. hatte Stadt und Schloß durch Heirat der Hatheburch an sich gebracht. Von ihm an haben auch die Kaiser, wenn sie in das Herzogtum Sachsen kamen, in einer der 5 Pfalzstädte Hof gehalten. Reichstag in Allstedt

Schloß Allstedt.
Nach einer Photographie von Carl Baßler, Allstedt.

974. Unter den Ottonen war das Schloß kaiserliche Pfalz und Reichsdomäne. — Die ersten Pfalzgrafen von Sachsen stammten von der Sommerschen Burg bei Neuhaldensleben. Sie starben 1180 aus. Diese Pfalzgrafen wohnten entweder in dem kaiserlichen Schlosse oder hatten ihren Wohnsitz in Goseck. Die späteren Kaiser scheinen Allstedt vernachlässigt zu haben. Es wurden darum von nun an in Abwesenheit des Kaisers die Pfalzen von Pfalzgrafen verwaltet; das geschah zunächst also in Sachsen. Stadt und Schloß gingen bald in andere Hände über. Nach manchem Wechsel kam Allstedt 1554 von Kursachsen an Eisenach.

Die Landschaft um Stadt und Schloß ist sehr anmutig. In der Stadt heißt ein kleiner Platz an einer unscheinbaren, verfallenen Kirche „Domplatz". Es ist wohl kaum anzunehmen, daß, wie auf der Harzburg unter Heinrich III., ein Dom als Pfalzkapelle hier bestanden habe, der später in die Stadt verlegt sei. Wahrscheinlich liegt eine Wortverwechselung vor, die sich auf Thomas Münzer zurückführen läßt, der hier im Turme gefangen gesessen haben soll.

Arnstadt in Thüringen, zuerst erwähnt 704, Villa Reg. cum Pal. 954 Friedensschluß; 1198 Philipp von Schwaben zum deutschen Könige gewählt; 1208 Otto IV. allgemein anerkannt. Stadt und Schloß später

Schloß Goseck.

den Reichsgrafen von Schwarzburg gehörig, die daselbst im Schlosse Hof hielten. Die „Alteburg-Anlagen" erinnern wohl noch an das P. R.

Augsburg. Von der kaiserlichen Pfalz, P., Mansiones Imperatoriae, ist nichts mehr vorhanden. An Kaisers Statt verwalteten und richteten über Gebiet und Burggrafschaft Landvögte. Rudolf von Habsburg ernannte Berchtold von Müllhausen zum Landvogt. Reichstage fanden hier von 951 bis 1582 statt.

Babenburg, die alte Burg nahe bei Bamberg. Nach Enthauptung des letzten Babenburger Grafen wegen Aufruhrs 908 fiel die Grafschaft mit der Burg an das Reich. Das uralte Schloß, die „Alteburg", soll gleichzeitig mit dem ältesten Schlosse zu Nürnberg erbaut und nach Babe,

der Schwefter des Kaifer Heinrichs I. und Frau des Grafen Heinrich, be=
nannt worden fein. 1208 am 21. Juni kam von Bifchof Eckbert von
Bamberg eingeladen Kaifer Philipp von Franken her krank auf die
Alteburg und wurde beim Aderlaß vom Pfalzgrafen Otto von Wittels=

Babenburg bei Bamberg.
Nach einer Zeichnung von Ewald Manz, Weimar.

bach, der in Langenfeld a. d. Naab wohnte, am 26. Juni mit dem
Schwerte ermordet. Die Burg wurde 1430 von den Hufiten erobert,
aber ohne Schaden erlitten zu haben wieder verlaffen. 1552 wurde fie
vom Markgrafen Albrecht belagert, erftürmt, verbrannt, aber vom
Bifchof Veit von Bamberg wieder hergeftellt. 1632 von den Schweden,
dann von den Kaiferlichen, endlich von den Weimarifchen erobert.
Später diente die Burg den Bifchöfen von Bamberg als Zidatelle.

Es steht von ihr noch der runde Turm, Mauern, Gräben. Neuerdings sind einige Wiederherstellungen ausgeführt. Die Landschaft ist sehr schön.

Bamberg. Die „alte Hofhaltung" scheint kaiserliche Wohnung gewesen zu sein. In ihr starb am 6. August 966 in Gefangenschaft König Berengar II. von Italien. Die Stadt war Lieblingsaufenthalt Heinrichs II. Dieser hat 1007 und 1008 das Bistum Bamberg vom Bistum Würzburg abgezweigt und gegründet. 1019 großer Reichstag; 1081 wurde auf dem Reichstage Hermann IV. von Lothringen gegen Heinrich IV. zum König gewählt. — 1168 Reichstag unter Friedrich I. Limnaeus schreibt de jure pub.: „Wenn ein Kaiser sich nirgends könnte aufhalten, soll der Bischof von Bamberg verbunden sein diese Stadt dem Kaiser zu überlassen, sich selber aber nach Villach in Kärnten zu begeben". Im Dome sind beigesetzt Heinrich II., dessen Leiche von Grona, und dessen Gemahlin Kunigunde, deren Leiche von Metz, wo sie 1039 gestorben, hierher gebracht worden sind, und Konrad III. Auch Papst Clemens II. ist im S. Peterschor des Domes beigesetzt.

Bolchbardia s. Kyffhausen und Tilleda.

Bonneburg, Bemmeleburg, im Kreise Eschwege zwischen Wichmannshausen (der Eisenbahnhaltestelle Hoheneiche), und Datterode am Ringgaugebirge. Die ersten Besitzer waren wahrscheinlich die Grafen und Brüder Friedrich I. und Hermann aus Wittekindschem Stamme, Enkel Kaiser Heinrichs I. und Neffen Ottos I. An Kaiser Heinrich IV. kam Bonneburg wahrscheinlich als Sicherstellung einer Bürgschaft in einer Fehde zwischen Heinrich IV. und dem Herzoge Otto von Bayern 1072, damit sie als Grenzfestung gegen die Sachsen diene. Friedrich I. hatte das Schloß in baufälligem Zustande übernommen und hat es vielleicht ganz neu aufgeführt. Das geht aus Übereinstimmung von Eigentümlichkeiten der Anlage wie der Maurer- und Steinmetzarbeiten mit denen der Pfalz zu Gelnhausen hervor. Beider Bauzeiten sind nicht genau bekannt, so daß nicht gesagt werden kann, welche von beiden nach dem Vorbilde der andern gebaut sei. Die Streitfrage nach dem Bau der Schloßkapelle ist nicht mehr entscheidbar, da wie vieles andere auch die Kapelle verfallen ist. — Abt Markard von Sulda, 1150—1165, sagt in seinem Aufsatze über seine Regierungsbegebenheiten: „wie es wohl ihm, dem Kaiser, als auch den Ministerialen angenehm gewesen wäre, da er Geld teils zur Befestigung des Reichsschlosses Bemmelburg, teils auch für dessen Gebäude der Ehre wie der Verteidigung der Kirche willen hergegeben habe um bei einem ausbrechenden Kriege Schutz daselbst zu finden." Es ist daraus zu entnehmen, daß

zwischen 1150 und 1165 das Schloß nicht mehr in verteidigungsfähigem
Zustande und bewohnbar gewesen, daß es aber auch in dieser Zeit erneuert worden ist. Friedrich I. hat sich oft hier aufgehalten; es scheint
ihm zur Abwicklung von Reichsgeschäften Lieblingsaufenthalt gewesen zu
sein. Es scheint ihm sicher auch ein wertvolles Glied in der Kette von Pfalzen
und festen Schlössern gewesen zu sein, die sich von Gelnhausen über Bonneburg und Tilleda bis Eger mit der Abweichung nach Nürnberg mitten durch
das Reich hinzog. So hielt er sich 1156 einige Tage hier mit vielem Gefolge,
darunter Heinrich d. L., auf; ebenso im Sommer 1166. Nach dem un-
glücklichen Feldzuge in Italien berief er als Flüchtling die ihm verbun-
denen Fürsten zu einem Reichstage auf die Bonneburg; zum vierten
Male, als er vom Reichstage in Goslar nach Mainz zog zu einem
andern Reichstage wegen des Kreuzzuges gegen Saladin. Hier auf der
Bonneburg stellte Friedrich I. am 13. Juni 1188 eine Urkunde aus
über die Unterhaltung eines Priesters an der Palastkapelle und an der
zu Datterode und schlichtete einen Streit betreffend das Reichsstift
St. Cyriaci zu Eschwege. Er beschenkte auch in diesen Tagen die Palastkapelle mit Liegenschaften. Auch Heinrich VI. scheint nach der Abreise
Friedrichs I. hier gewesen zu sein, als er gegen Heinrich d. L. zu Felde
zog; ein zweites Mal, um den Hader mit Heinrich d. L. zu schlichten.
Auch bestätigte er von hier aus einen Kauf. Otto IV. und Friedrich II.
scheinen nicht auf der Bonneburg gewesen zu sein. Sie wird erst wieder
unter Rudolf von Habsburg erwähnt. Der verpfändete nach der Schlacht
von Laa auf dem Marchfelde die Reichsstadt Mühlhausen nebst der
Anwartschaft auf Verpfändung des Reichsschlosses Bonneburg an den
Thüringer Landgrafen Albrecht. Adolf von Nassau übergab am Tage
seiner Krönung am 11. Mai 1292 zu Frankfurt das Reichsschloß
Bonneburg und die Reichsstadt Eschwege dem ersten Landgrafen von
Hessen, Heinrich dem Kinde, damit dieser als Reichsfürst in der Reichsversammlung Platz nehmen dürfe. Es scheint aber diese Übergabe nicht
ausgeführt zu sein, obgleich Ludwig der Bayer nach seiner Wahl 1323
die Belehnung bestätigte. — Jetzt liegt die Bonneburg in Trümmern.
Vom vierseitigen hohen Turme stehen noch zwei in einer Kante zusam-
menstoßende Mauerstücke und daneben Mauern mit Fenstern, die scheinbar zu Wohngebäuden gehört haben. Andere, mit Schutt bedeckte
Mauerteile sind in einiger Entfernung vom Turm zu erkennen. Das
Gestein, auf dem sie stehen, ist selbst morsch. Die Aussicht von dem
fast baumlosen Platze auf bedeutender Höhe auf das Gebirge ringsum
ist großartig. Ein Kinderfest mit Verteilung von Brot und Speck, gestiftet von einem Fräulein von Bonneburg, führt alljährlich am Himmel-

fahrtstage die Schuljugend auf diese Höhe und erhält gleichzeitig die Erinnerung an das fast ganz verschwundene Kaiserschloß im Volke aufrecht.

Braunschweig. Palatina Sedes Imperatorum Saxonicorum. Die Burg Dankwarderode ist der Sage nach begründet von Dankward, einem Bruder von Bruno, auf von ihm gerodeten Waldboden. Das Palatium stand an der Stelle, wo jetzt die Burg und die Kirche St. Blasii stehen, aus dem Jahre 861 und ist 1172 erneut und erweitert von

Burg Dankwarderode in Braunschweig.

Heinrich d. L. Kaiser Heinrich I. war 912 Herzog von Sachsen und 919 deutscher König geworden. Er hat möglicherweise Braunschweig eingefügt in die Kette von Burgen zum Schutze des Reichs gegen die Einfälle der Ungarn. Im Dome liegen begraben Heinrich d. L. nebst Gemahlin und Kaiser Otto IV. mit seiner Gemahlin; dieser unter einer Messingplatte mit langer Inschrift. Die Burg Dankwarderode ist neuerdings wieder hergestellt.

Dalahem, Daleheim an der Nette nahe bei Bökeln, Castrum, Palatium et Villa R., oder in der Nähe von Hadamar (?) Es wird erwähnt unter Otto I. 945; 1001 schenkt es Otto III. dem Bistum Hildesheim, 1009 Heinrich II. der Gandersheimer Kirche.

Dornburg a. d. Saale, ein Bollwerk gegen die Slaven (Sorben), wo die Ottonen oft gewohnt und Reichstage gehalten haben: so Otto II. 980. Die Stadt bestand schon 937. Heinrich IV. schenkte es 1081 dem Grafen Wieprecht von Groitzsch. Das älteste der 3 jetzigen Schlösser, das Amtshaus, steht auf dem Grunde der ehemaligen Kaiserpfalz. Herrliche Lage.

Eger. Friedrich III. von Hohenstaufen, seit 1052 Friedrich I., deutscher König, vermählte sich „mit herrlicher Hochzeit" zu Eger mit

Das alte Schloß in Dornburg a. d. Saale.

Adelheid, hinterlassener Tochter des reichen Markgrafen Diepold III. von Vohburg a. d. Donau, und brachte dadurch das Land Eger als altes Reichsland an sich. Obgleich er sich später von Adelheid trennte, blieb Eger im Besitze der Hohenstaufen bis zu deren Aussterben. Friedrich I. erbaute zwischen 1150 und 1175 in rein romanischem Stile hier die Burg, die kaiserliche Pfalz wurde. Diese Pfalz blieb stets Eigentum der Kaiser, bis die Stadt mit der Burg an die Krone Böhmen verpfändet wurde. — Neben der Pfalz stand von früher her der schwarze Turm, der aber keine Beziehung gehabt hat zur Pfalz. Nach den Einfällen der Magyaren in Deutschland 894 waren feste Türme als Zu-

fluchtsörter in Gebrauch gekommen, und als solcher wird der schwarze
Turm entweder aus den Zeiten Arnulfs oder aus der Zeit nach diesem
bis zum Jahre 1000 stammen. Das Gestein, die Gefügung desselben
mit dünnen Mörtelschichten deuten auf einen aus Italien stammenden
oder auf einen oströmischen nur hergerufenen Baumeister. Solcher
Brauch bestand bei der noch sehr unentwickelten deutschen Baukunst

Alte Kaiserburg in Eger.

das 10. Jahrhundert hindurch. Dieselben Eigentümlichkeiten zeigt das
Gemäuer der Heinrichsburg, die Heinrich II. noch als Herzog in Bayern
973 an Stelle seines Geburtsortes bei Abbach in Niederbayern errichtet
hatte. Am Anfange des 11. Jahrhunderts ist die Stadt Eger gegründet.
Der schwarze Turm hat die Bedeutung eines Bergfrieds gehabt, in
dessen Schutze, soweit man vom Turme aus sehen konnte, kein Flücht=
ling verhaftet, kein Schwert gezogen werden durfte. Einen Bergfried
zu bauen war das Vorrecht des Dynastensitzes. — An die Stätte dieses
Turms ist die Pfalz Friedrichs angeschlossen, jedoch ohne äußeren oder

inneren Zusammenhang. Die Pfalz selbst scheint keinen Turm gehabt zu haben. Außer dem schwarzen Turme zeigen sich noch vor der Stadt Trümmer einer alten Burg, der Winselburg. — Aus dem Festsaale in der Pfalz, dem Palas, der nach dem Brauche, der im Osten des Reichs herrschte, keine Freitreppe hatte, führte ein Verbindungsgang in das obere Stockwerk der zweischiffigen Pfalzkapelle. Das untere Stockwerk hatte eine bequeme Eingangstür zu ebener Erde und diente wohl zur Aufnahme der Dienerschaft. Zur Gruft der Mitglieder der kaiserlichen Familie konnte es nicht bestimmt sein, da die Hohenstaufen dieselbe schon in Lorch im Jagstkreise besaßen, und da die Burg Eger nicht Familienbesitz der Hohenstaufen, sondern Reichseigentum war. — „Friedrichs I. Trachten ging ununterbrochen dahin, dem Reiche den ‚fühlenden Mittelpunkt‘ zu verschaffen"; als diesen scheint er Nürnberg ausersehen zu haben. Ost- und westwärts von dieser Stadt sollte sich eine hinreichende Hausmacht ausbreiten quer durch Deutschland, um der uralten Zerklüftung entgegen wirken zu können. Daher die Wichtigkeit, welche der Kaiser den in der Mittellinie liegenden Besitzungen Gelnhausen, Tilleda, Bonneburg und Eger beilegte. Der oftmalige Aufenthalt Friedrichs in Eger spricht auch dafür, daß er diesen Platz als besonders wichtig zur Förderung seiner Pläne erkannte, wenn auch die ungeheuren Wälder um Eger ihn als einen der rüstigsten Weidmänner mächtig angelockt haben mögen. — Nach Friedrich hielt Heinrich VI. oft Hof hier, ebenfalls Philipp und Friedrich II.; letzterer zwischen 1212 und 1237. Auch König Ottokar von Böhmen wohnte längere Zeit zu Eger, aber wohl in der Stadt; sein Gegner Rudolf von Habsburg in der Burg. Kaiser Albrecht 1306, Ludwig der Bayer 1318, Karl IV. 1348, 58, 70, 75, 76 wohnten in der Burg als deutsche Könige; Wenzel 1389 und 97. Sigismund war der letzte Kaiser, der sich hier 1431, 33, 37 aufhielt. Im Hussitenkriege hat die Burg viel gelitten. Zu Beginn des 30jährigen Krieges ist die Burg noch in gutem Zustande gewesen; im Festsaale wurden die Generale Wallensteins ermordet. Bald darauf ging die Burg ihrem Verfalle entgegen. 1647 wurde sie den Burggrafen, die sie bisher verwaltet hatten, — seit 1336 in langer Reihe nur von deutschen Burggrafen — abgenommen und der Militärverwaltung übergeben. 1740 wurde der baufällige Dachstuhl abgetragen, so daß das Innere der Gebäude den Witterungseinflüssen preisgegeben war. 1774 hörten die Burggrafen auf zu sein. Seit 1800 standen nur noch die Umfassungsmauern. So wie das feste Schloß Trifels in seinen Trümmern durch den Kopf als Mauerverzierung auf Gelnhausen hinweist, so springt auch an der Burg in Eger eine Ähnlichkeit mit der Burg in

Gelnhausen hervor in der zweigeschossigen Kapelle: nur daß in Geln=
hausen das Untergeschoß zum mindesten später audern als kirchlichen
Zwecken gedient hat, — und mit der Bonneburg, wo das Obergeschoß
die kaiserliche Pfalzkapelle war, das untere wie in Gelnhausen den
Toreingang gebildet haben soll, oder später dazu gemacht worden war.
Und diese 3 Pfalzen und das eine Schloß Trifels sind so ziemlich gleich=
zeitig von Friedrich I. errichtet worden.

Eisleben. 1082 sind hier etliche deutsche Fürsten zusammen=
gekommen und haben den von der päpstlichen Partei aufgestellten Grafen
Hermann von Luxemburg und von Saarbrücken zum Gegenkönig
Heinrichs IV. gewählt. Nach andern Quellen soll das in Bamberg statt=
gefunden haben. Dieser Gegenkönig hat in Eisleben auch Hof gehalten;
und weil um die Stadt viel Lauch wächst, wurde er von seinen Feinden
der Lauchkönig genannt. Er wurde in Goslar gekrönt. 1083 ist Eis=
leben von den Bischöfen von Bremen und Hildesheim, die es mit
Heinrich IV. hielten, eingenommen und verbrannt. Das Schloß in der
Stadt konnten sie nicht gewinnen, sondern sie wurden von König Hermann
zurückgewiesen. Am Mittwoch nach Pfingsten ist ihm zu Ehren ein
Fest „Knoblauchs=Mittwoch" gefeiert worden — ebenso regelmäßig in
Krosigk — bis auf den heutigen Tag. An einem Vorsprunge der
Seitenwand des Rathauses ist ein gekrönter Kopf angebracht, wahr=
scheinlich zum Andenken an diesen König.

Friedberg in der Wetterau, auch „Alte Burg" genannt, steht
mit ihren wohl 20 Gebäuden an und auf dem steilen Absturze der
Stadthöhe nach Nauheim zu und bildet neben der gleichnamigen Stadt
einen weitläufigen Bau. Es sind noch manche alte Häuser vorhanden;
doch sind an die Stelle der meisten neue staatliche Gebäude getreten.
Die von Süden nach Norden führende Hauptstraße der Stadt Friedberg
durchschneidet weiter die Burg und tritt im Norden beim Adolfsturm,
Nauheim gegenüber, aus der Burg wieder heraus.

Friedrich II. hat wohl 1252 in der Burg die adlige Burgmannschaft,
die unter einem Burggrafen stand, und deren Vorhandensein auf einen
schon längeren Bestand der Burg Friedberg zurückweist, erneuert zum
Schutze der kaiserlichen Güter. Diese Burgmannschaft hatte selbst an=
sehnliche Güter erworben und damit einen Sitz auf der rheinischen Bank
des Reichstags. Sie spielte von 1252 an vor andern Burgmannschaften
eine eigenartige Rolle sowohl in der Burg als der Stadt gegenüber.
Aufgelöst wurde sie erst 1801. Das Eigenartigste ihrer Verfassung be=
stand darin, daß sie auch im Rate der Stadt durch 6 Stimmen, die
adligen Sechser genannt, vertreten war. Zuerst wird Friedberg genannt

in einer Urkunde Friedrichs II. vom 26. Oktober 1217 zu Leipzig aus=
gestellt. In dieser Urkunde ist schon von einem Giselbert, kaiserlichem
Beamten und Burggrafen die Rede. Die Burg ist gegründet auf einem
römischen Kastell; sie ist von Anfang an durch Gräben und Tore von
der Stadt vollständig geschieden und hatte die Bezeichnung: „des heiligen
römischen Reichs kaiserliche und reichsunmittelbare Burg". Der Burg=
graf war als Praefectus urbis kaiserlicher Beamter, welcher nicht nur
das höhere Richteramt versah, sondern dem auch die Verteidigung der
freien Stadt und später auch der Hofstädte oblag, also nicht nur Vor=
gesetzter der Burg, sondern einer ganzen Stadt. Ihm war die Stellung
als höherer Richter, Schirmer und Befehlshaber derer gegeben, denen

Burg Friedberg, südlicher Eingang.

die Verteidigung der Bergfestung anvertraut war. Dem Burggrafen
und den Ministerialen lag noch ob, den Schutz der Klöster und der
Besitzungen derselben auszuüben, Streitigkeiten zu schlichten und andres
mehr.

Nach der von Rudolf von Habsburg am 5. November 1276 be=
stätigten Ordnung Friedrichs II. durfte das Amt eines Burggrafen nicht
erblich sein; der von der Mehrheit der sämtlichen Burgmannen gewählte
Burggraf mußte vom Kaiser erst bestätigt werden. Gleich dem Burg=
grafen wurden alle anderen Beamten gewählt, nur bedurften sie der
kaiserlichen Bestätigung nicht. Dem Burggrafen zur Seite standen die
12 Regimentsburgmannen, die mit dem Burggrafen das „Regiment
der Burg" und das „Burggericht" bildeten. Zur Besorgung der Ge=
schäfte wurden auf 6 Jahre 2 Baumeister aus den 12 Regimentsburg=
mannen gewählt. Ein jeder Burgmann mußte Sohn oder Schwieger=

sohn eines Burgmanns sein und „Adel von 16 Ahnen her mit 8 Ahnen beweisen". — Obwohl die staatlichen Verhältnisse von Burg und Stadt 1802 und 1803 gänzlich geändert wurden, wurde doch noch am 28. Mai 1805 als letzter Burggraf Wilhelm von Westphal gewählt. Ihm huldigte aber die Stadt nicht mehr. Stadt und Burg waren an Hessen gekommen. Am 10. Mai 1817 trat der letzte Burggraf seine Rechte an den Staat ab; 1819 starb er. — 1429 am 23. Dezember hatte Kaiser Sigismund das „Erbburggrafenrecht" zu Friedberg und Gelnhausen für den jedesmaligen Deutschordens-Kommendur in Frankfurt errichtet. Später erst war die Bedeutung des Burggrafen in die nur eines Aufsehers der Burg übergegangen. Der Burggraf wohnte in einem Schlosse der wohlbefestigten Burg. Dieses Schloß hieß das Burggrafiat als Residenz des Burggrafen; daneben stand das der Reichsritterschaft gehörige Haus; außerdem als größeres Bauwerk nur noch die sogenannte Burgkanzlei. Die meisten übrigen Häuser, die Wohnungen der Burgmannen und ihrer Angehörigen, waren klein und unbedeutend. Außer Mauern und Gräben besaß die Burg zu Verteidigungszwecken, der Stadt am nächsten, am vordersten Burgtor einen Turm; der stürzte 1684 ein; außerhalb der Mauer einen 70 Fuß hohen Turm mit 21 Fuß dicken Mauern und einen Turm, der 150 Fuß hoch erst vom Burggrafen Adolf von Nassau 1347 erbaut war. Dieser Turm heißt im

Adolfsturm in Friedberg i. W.

Volksmunde Adolfsturm; er ist 1894 bis zur Spitze in der ursprünglichen Gestalt wieder hergestellt.

Bis in die Mitte des 13. Jahrhunderts wohnte von den Burgmannen der niedere Adel zum Teil noch in der Stadt: daraus ist zu erkennen, daß bis dahin Stadt und Burg Friedberg noch nicht ganz voneinander getrennt waren. Nach dieser Zeit stehen Burg und Stadt einander feindlich gegenüber. 1273 wurde die Burg durch die Stadt zerstört; bald darauf ist wieder große Freundschaft zwischen ihnen. 1276 wurde die Burg durch Rudolf von Habsburg vergrößert. Unter König Wenzel, seit dem 3. Oktober 1388, dürfen Burggraf und Burgmannen wegen der Größe der Burg Beisassen aufnehmen: dadurch wurde aber die Burg zur Stadt erhoben. So war bis 1400 die Zahl der Burgmannen auf 88 gestiegen. 1422 konnten die Burgmannen 700 Reisige stellen. Der ganze Bestand betrug nun: 1 Burggrafen, 2 Baumeister, 1 Unterburg= grafen, Ministerialen und Dienstmannen, das sind die Burgmannen, 88, von denen 12 Regimentsburgmannen, und von diesen wieder in der Zeit nach der Reformation 6 katholische und 6 protestantische waren. In den wiederholten Kämpfen zwischen Burg und Stadt war 1483 die Stadt unterlegen und mußte am 22. Februar die Bedingung eingehen, jedem Burggrafen auf dem Platze vor dem Tore zu huldigen. Wie sehr die Macht der Burg gestiegen war, spricht sich darin aus, daß 1541 Karl V. ihr das Münzrecht verleiht; 1788 nennt sich sogar die Burg: „des kaiserlichen und heiligen Römischen Reichs Burg Friedberg gegenwärtiger Staat".

Das eigentliche Burggebiet war sehr klein; dagegen besaß die Burg größere auswärtige Liegenschaften. Die Burg hat bis in unsere Zeit ihre mittelalterliche Befestigung bewahrt: Mauern, nach Norden hin gegen 50 Fuß hoch, Gräben, Zwinger, Bastionen, Rondel, ein mit Schießscharten versehenes Außenwerk (Barbaconie) am nordwestlichen Tore; an der Ockstädter Grenze war als Überbleibsel einer uralten Be= festigung der 2½ Ruten breite „Heimgraben". Das südliche Tor hat seit 1773 seine Zugbrücke verloren, dafür aber eine steinerne erhalten. Ein noch vorhandener Stein aus dem Gewölbe des Kaisersaales mit der den Burgfrieden schwörenden Hand und der Umschrift „Frid sy mit üch" ist über dem südlichen Eingangstore eingemauert.

Das Gebäude selbst, in welchem der große Rittersaal sich befand, zeigt die Jahreszahl 1695 und ist 1857 zu einem Lazarett eingerichtet gewesen. Das Gebäude, in welchem der Kaiser Wohnung zu nehmen pflegte, stand im Osten des Burghofes. Es ist 1604 durch einen großen Neubau — das jetzige großherzogliche Schloß — ersetzt. Das schmiede= eiserne Eingangstor trägt die Jahreszahl 1611. Das vor diesem befind= liche Brunnenbecken ist von 1738. Die steinerne Einfassung desselben zeigt den Reichsadler und burggräfliche Wappen. In der Mitte steht der Ritter Georg, der den Lindwurm ersticht.

Die Burg Friedberg ist von den deutschen Königen oft besucht gewesen: 1252 und 1255 von Wilhelm von Holland, 1282 und 1285 von Rudolf von Habsburg, vom 22. bis 29. Juni und vom 29. Juli bis 8. August 1293 von Adolf von Nassau; vom 2. bis 3. Juli 1307

war Albrecht im Feldlager bei Friedberg. Karl IV. war 1367 in der
Stadt Friedberg. Am 28. Oktober 1400 hielt Ruprecht von der Pfalz
seinen Einzug in die Stadt und in die Burg, wo er in Johann von Stock=
heims Haufe seinen Aufenthalt nahm. Am 7. Dezember 1414 näherte
sich Sigismund der Burg: 36 Burgmannen ritten ihm entgegen; am
8. Dezember ritt der Kaiser in die Burg und aus der Burg in die
Stadt: der letzte deutsche König, der beide mit einem feierlichen Einzuge
beehrte.

1901 bis 1903 ist die Stadtkirche in Friedberg wieder her=
gestellt worden. Die älteste, romanische Kirche war 1260 durch eine
gotische ersetzt worden. Beim steinernen Unterbau der westlichen Türme
1410 gestattete der Kaiser Ruprecht nur den einen Turm, und auch
den nur bis zur Höhe von 194 Fuß steinern so aufzuführen, daß die
Stadt sich nicht der beiden ursprünglich beabsichtigten Wehrtürme gegen
die königliche Burg bedienen könnte. Und so trägt auch jetzt, nach der
neuesten Wiederherstellung der schönen Kirche dieser Turm nur einen
aus Holz errichteten und mit Schiefer gedeckten Helm. Der andere
Turm ist auch jetzt niedrig geblieben. — In der Burg stehen noch zu
beiden Seiten des nördlichen Ausganges die Gebäude des Burgmanns
Riedesel: links das Familienwohnhaus von 1532, rechts wohl das
Wirtschaftsgebäude von 1553 bis 1555.

Fritzlar, Wohnsitz Konrads I. Auf der Fürstenversammlung
919 wurde hier Herzog Heinrich von Sachsen zum deutschen Könige
gewählt, vom Erzbischofe von Mainz, der zugegen war, gesalbt und
gekrönt. Es wurden ihm auch hier die kaiserlichen Kleinodien über=
geben; er erwarb dazu vom Burgundenkönige Rudolf den heiligen Speer
des Großen Konstantins.

Frose bei Aschersleben, im Anhaltischen, war unter den sächsischen
Kaisern Palatium, unter Heinrich II., der 1012 dort war, königlicher Hof.

Gelnhausen. Konrad III. soll schon 1144 an der Stelle eines
vorhanden gewesenen älteren Schlosses ein neues zu bauen angefangen
haben. Doch steht fest, daß Friedrich I., der als Hohenstaufe selbst
sehr reich war, dem auch als deutschem Könige die Güter des reichen
Geschlechtes der Grafen von Selbold und Gelnhausen bei deren Aus=
sterben zufielen, vor 1169, unbekannt wann, auf einer Insel des Kinzig=
flusses bei Gelnhausen den kaiserlichen „Palast in der Burg zu Geln=
hausen" erbaut hat. — Dieselbe Handlungsweise wie in Eger, wo ihm
durch Heirat die erledigten Vohburgischen Besitzungen zufielen, und er
die Burg gleichfalls als Reichsschloß daraus errichtete. — Er wollte
sich hier, so heißt es, „eine Stätte errichten, wo er nach alter Sitte

den Kreis der Edlen verſammeln konnte in des ‚Reiches Saal‘; daneben
ein Zimmer für ſich ſelbſt; über beiden Gemächer für Weib und Kind;
der Wohnung zunächſt eine Kapelle zum Gebet;" und weiter heißt es:
„unter dieſer eine Halle für das Volk". Doch wird nicht geſagt, was
unter dem „Volke" zu verſtehen ſei. Es kann gemeint ſein, daß die
niederen Burgbewohner hier an der Andacht teilnehmen ſollten. Dieſe
vom Anblick der ſchönen Trümmer eingegebenen Worte ſind mit großer
Vorſicht aufzunehmen. Der Weg zu dem, was von der Kaiſerpfalz

Barbaroſſaburg in Gelnhauſen.

noch vorhanden iſt, führt durch mehrere krumme und enge Gaſſen, die
von meiſt ärmlichen Häuſern des früher ſo benannten „Dorfes Gelnhauſen" gebildet werden.

Der Eintritt in das Schloß geht durch einen eigenartigen viereckigen
Bau, dem ſich links unter rechtem Winkel der Palas anſchließt. Jener
Bau iſt zweigeſchoſſig; das untere Geſchoß, von vier Kreuzgewölben
überſpannt, die über einer Mittelſäule zuſammentreffen, heißt ſeit langem
das „Meßtor": angeblich, weil in dieſem Raume Meſſen, d. i. Märkte,
abgehalten wurden. Das Eingangstor führt durch die ſüdliche Hälfte
des geſamten Raumes. Der Zweck der nördlichen Hälfte bleibt dabei
zunächſt unklar. Über dieſem Raume befindet ſich die „Kapelle", die,

vielfach ausgebeſſert und umgebaut, bis 1829 noch als ſolche benutzt worden iſt. Nach andern geſchah dies bis 1811. Beim Eintritt in den Burghof ſieht man links die Trümmer des Palas; doch iſt noch ſo viel erhalten, daß man erkennen kann, daß über einem gewölbten niedrigen Erdgeſchoß zwei Obergeſchoſſe geſtanden haben, und daß von dieſen aus Treppen in der Wanddicke zu der „Kapelle“ führten. Vom zweiten Obergeſchoß des Palas ſteht nur noch die ſich an „Meßtor“ und Kapelle anlehnende Ecke. Das erſte Obergeſchoß öffnete ſich nach dem Hofe in der Mitte durch eine auf Stufen zu ereichende Tür, die oben im Klee= blattbogen geſchloſſen war. So war es in den rheiniſchen Landen Brauch. Vom Beſchauer links ſind zwei durch einen breiten Pfeiler voneinander getrennte Gruppen von je 3 Senſtern, rechts 5 noch ſtehende Senſter. Ein breiter Eckpfeiler folgt auf ſie. Die Senſter ſind im Rundbogen geſchloſſen und durch gekuppelte romaniſche Säulen einzeln voneinander getrennt. Der Saal ſelbſt iſt ſowohl an dieſer vorderen, dem Hofe zugewandten, als auch an der Rückenſeite von der Umfaſſungs= mauer durch je einen Gang, auf den erſt die eigentlichen inneren Saal= fenſter mündeten, getrennt. — Vom Hofe aus geſehen ſteht links neben dem „Meßtore“ ein viereckiger Turm, neben welchem der allgemeine Aufgang zur Kapelle liegt. Er ſtammt wohl aus einer ſpäteren Zeit, als die „Kapelle“ nicht mehr nur der kaiſerlichen Familie diente.

Ein anderer, rechts vom Meßtor und am Saalgebäude befindlich geweſener Turm iſt ſeiner Baufälligkeit und Gefährlichkeit wegen 1434 abgetragen worden. Dies ſind außer etwa einem gemauerten Brunnen= ſchacht die einzigen Gebäudetrümmer des ehemaligen Palaſtes über dem Erdboden. Das Ganze wird umfaßt von einer ſehr hohen, bis zu 2 m dicken Mauer, die ein unregelmäßiges Siebeneck bildet. Da, wo die Mauer öſtlich und ſüdlich unmittelbar an die Kinzig ſtößt, reicht ſie tief unter das Waſſer hinab, während an den andern Stellen, wo ſie auf trockenem Boden ſteht, ſie vom Burggraben umzogen war. — Sie iſt in behauenen Buckelquadern aus feſtem Sandſteine rötlicher Farbe aufgeführt; die Wohngebäude aus fein geglätteten Quadern desſelben Geſteins.

Gleichwie Karls d. Gr. Bildnis an allen von ihm geſtifteten oder reich begabten Kirchen ſich angebracht fand, ſo hatten die Paläſte und feſten Schlöſſer, welche von Friedrich I. herrühren, ſogenannte Barbaroſſa=Köpfe; und ſo findet man im Palaſt zu Gelnhauſen, zwar wohl nicht mehr an ihrer urſprünglichen Stelle, oberhalb der Eingangs= tür zum Feſtſaale eine aus Stein gehauene Verzierung in Geſtalt eines Kopfes eingemauert, deſſen Züge den von Münzen her bekannten

Gesichtszügen Friedrichs entsprechen. Auf kurz gehaltenem Haupthaare
sitzt ein Diadem (Schapel) damaliger Zeit; der lange geteilte Bart ist
beiderseits hinaufgezogen. Die eine Hälfte wird in der Höhe gehalten
durch einen Kinderkopf, andeutend, „daß der Kaiser Kinderfreund",
die andere durch einen Hundekopf, andeutend, „daß er auch Jagdfreund
war". Die stark vorgeschrittene Verwitterung verhindert die eingehende
Prüfung dieser Deutung. Ein anderer Zierat, der sich gleichfalls auf
die Person des Kaisers bezieht, sind zwei einköpfige Adler, wahrscheinlich Kaiseradler, am Kopfgesims eines Pfeilers. Ein Gesicht an einem
Fenstersturz des Turmes scheint trotz der groben Arbeit der Beachtung
wert zu sein, weil ein zweites diesem gleichgebildetes Gesicht über der
Eingangstür zur Schlachtenburg in Schlitz bei Fulda sich findet, diese
Burg aber gleichaltrig mit dem Palast in Gelnhausen zu sein scheint.

Das ganze Gesicht tritt flach gewölbt hervor; die Stirn ist besonders
niedrig, die Ohrmuscheln besonders klein; die Augenbrauen und unteren
Augenlider stark wulstig, die Haare kaum angedeutet; dagegen hängt
aus dem zu beiden Seiten stark heruntergezogenen Munde zwischen den
großen Zähnen eine lange Zunge herab. Da dieses Gesicht nur vom
Hofe aus zu sehen ist, kann es nicht die Bedeutung der späteren Lällen-
könige gehabt haben. Ein baldachinartiger reich verzierter Einsatz an
der Rückwand des Saales ist noch zu erwähnen; er stellte wohl nicht
einen Thronsitz vor, sondern gehörte zu einem Kamine. — Die Bedeutung
der einzelnen Baulichkeiten anlangend ist die des festen Turmes, auch
die des abgetragenen nicht zweifelhaft. Sie sollten zur Verteidigung
der kaiserlichen Wohnung und Person bei gewaltsamem Angriffe dienen,
daneben zur sicheren Aufbewahrung kostbarer Habe und vielleicht ebenso
kostbarer Gefangener. Schwierig wird die Deutung des Palasgebäudes,
das fast in jeder Beziehung von der gewohnten Sitte abweicht. Ein
Erdgeschoß besaß der Palas der Pfalz zu Goslar auch, in welchem sich
eine Leibwache des Kaisers aufhalten konnte. 150 Jahre früher schon
war also der Festsaal über den Hof emporgehoben worden und bildete
keine Fortsetzung desselben mehr. Unerklärbar bleibt aber der Umstand,
daß der Saal an der Vorder- wie an der Rückenseite durch einen Gang
von der Umfassungsmauer getrennt war. Sollte dadurch eine größere
Sicherheit für den unbewaffneten Kaiser bezweckt gewesen sein? Sollte
der Gang dazu gedient haben, daß die Gäste des Kaisers nach dem
Mahle bei schlechtem Wetter sich hier ergehen konnten? Da würde
aber durch dieselbe Ganganlage, selbst bei geöffneten Fenstern, der
Aufenthalt im Saale um so unbehaglicher gemacht, die früher gewohnte
Anschauung aber, daß der Saal nur eine Fortsetzung des Hofes sei,

um so mehr vernichtet worden sein. Wohl aber würde der Saal im Winter um so behaglicher gewesen sein für den Aufenthalt eines kleineren, der kaiserlichen Familie aber um so näher stehenden Kreises von Gästen.

Es liegt daher die Vermutung nicht allzufern, das erste obere Geschoß habe die Wohnräume für die kaiserliche Familie enthalten, das zweite Obergeschoß aber den Saal des Reiches. Diese Anschauung würde noch dadurch gestützt, daß die Fenster des ersten Obergeschosses sich in Gruppen geordnet darstellen, entsprechend 3 Wohnräumen. Verständiger würde es allerdings auch sein, das erste Obergeschoß in Zimmer zu zerlegen und durch deren Scheidemauern einen festeren Fußboden für den großen Saal darüber zu gewinnen als auf die weitgespannte Decke eines Saales des ersten Obergeschosses die vielen nötigen Zwischenwände für eine Familienwohnung im zweiten Obergeschosse zu setzen. Aber: wie sollen die Teilnehmer an einer Gerichts= oder Festversammlung unter freiem Himmel im Hofe bei Umschlag der Witterung in würdigem Zuge in den so hoch oben gelegenen Saal gelangen? Vielleicht auf Treppen im Innern des Hauses wie auf der allerdings viel kleineren Münzenburg, in der es keine Reichsversammlungen gab, oder auf einer hölzernen Treppe vor dem Hause? Und wo bliebe da der Schutz für den Kaiser?

Die Frage hat bisher noch keine befriedigende Antwort gefunden; aber auch nicht die nach der Bedeutung des „Meßtorgebäudes": ob im oberen Geschoß die Kapelle, im unteren die Einfahrt oder ein Marktplatz war. Die noch vorhandenen Doppelkapellen in den Pfalzen zu Eger und zu Nürnberg lassen zunächst erwarten, daß Friedrich I. in Gelnhausen gleichfalls eine Doppelkapelle gebaut hat. Man hat sich nur das Gewölbe, welches Decke des unteren Raumes und Fußboden des oberen ist, in der Mitte durchbrochen zu denken, den entstandenen Ausschnitt durch vier Säulen gestützt, auf diesen weitere vier zur Stütze der oberen Decke, und im unteren Raume die beiden Bogenöffnungen nach dem Hofe zu vermauert: so ist die Doppelkapelle geschaffen. Die Tür des Meßtores ist dadurch wie in Nürnberg und in Eger zur Eingangstür in die untere Kapelle für die Bediensteten des Kaisers geworden. Der Hinweis darauf, daß auf der Bonneburg auch eine Durchfahrt unter der Palastkapelle gewesen sei, ist auf seine Richtigkeit nicht zu prüfen, da jetzt und wohl schon seit langer Zeit auf der Bonneburg nichts von einem solchen Baue noch vorhanden ist. Dahingegen sind in Gelnhausen am Meßtorgebäude so viel Anzeichen vorhanden, daß wir den ursprünglichen Bau weder unten noch oben mehr vor uns haben, daß uns nichts hindern kann als ursprünglichen Bau eine Doppelkapelle anzunehmen. Doch mit demselben Rechte ist anzunehmen,

daß dies ganze Gebäude ganz andern Zwecken gedient hat und erst
viel später zur Durchfahrt unten und zur Kapelle oben umgewandelt
worden ist, wie es seit dem Ende des 12. Jahrhunderts Brauch wurde.

Von dem Bau der Burg, in welcher Friedrich I. einen Palast sich
gebaut hat, ist kaum irgendwo die Rede. Sie war an und für sich bis
1819 noch ein Überbleibsel altdeutschen Krongutes, das einer reichen
Ganerbschaft seit vielen Jahrhunderten anvertraut war. Vielleicht hatte
sie die ganze Flußinsel eingenommen und war von einer weiten Mauer
umgeben, von der noch im westlichen Teile der Insel die zum Wasser
führende Tür stammt. Zwischen Burgmauer und Palastmauer, in dem
noch kürzlich so benannten „Dorf-Gelnhausen", waren die Burgmannen
angesiedelt und die Handwerker; ganz so wie wir es jetzt noch an der
Burg Friedberg sehen. Wie sollte nun Kaiser Friedrich auf den ganz
unzeitmäßigen Gedanken gekommen sein für diese Bewohner, vornehm
und gering, in demselben Hause, in welchem er sich, seiner Familie,
der Freundschaft und edlen Beschäftigungen leben wollte, einen Sammel-
platz auswärtiger Händler zu schaffen und noch dazu innerhalb derselben
vier Wände, die darüber die Kapelle einschlossen! Das Urteil muß so
ausfallen: war, was höchst unwahrscheinlich ist, das Untergeschoß des
Meßtorbaues von Friedrichs I. Zeit an als Marktplatz angelegt, so war
das darüber liegende Geschoß nicht die Schloßkapelle; diese hat sich
darum zu Friedrichs Zeiten an einem andern Orte befunden. War
aber, worauf die Gänge und Treppen in der Mauerdicke hinweisen,
von Anfang an das Obergeschoß der Andacht geweiht, so war das
Untergeschoß nicht den gewöhnlichen Tagesbedürfnissen überlassen, sondern
es gehörte als Untergeschoß zur Kapelle, und die jetzige Eingangstür
diente schon von Anfang an als Eingangstür zur Schloßkapelle für die
Burgbewohner; und erst in späterer Zeit ist dieses Geschoß dem
Fremdenverkehr und dem Handel überlassen worden. Dafür spricht
das Flüchtige und Unsaubere in allen Teilen des Umbaues. — Am
wenigsten dürfte das Untergeschoß des Meßtorbaues ein Durchgang,
wo nicht gar der Haupteingang zum kaiserlichen Palast gewesen sein.
Die ganze Anlage und Einteilung desselben hat nichts Torartiges. Es
ist auch nicht anzunehmen, daß das Untergeschoß als Erbbegräbnis
dienen sollte, da wie Eger so auch Gelnhausen Reichseigentum war.

Der Palast in der Burg zu Gelnhausen zeigt Gestaltungen, die
aus fernen Gegenden stammen; Ausschmückungen durch Steinmetzkunst
von geübter Hand, die bis dahin nicht in deutschen Landen zu finden
waren. Man muß ihr mindestens in Süditalien und auf Sizilien nach-
spüren; und selbst dahin war sie aus den Ländern des Ostens eingeführt.

Jedenfalls zeigt sich in der Wahl des Baumeisters, daß der Bauherr selbst Geschmack und Sinn für die Kunst genug besaß, um, seinen Zeitgenossen weit voran, Großes und Schönes sich zum Genuß zu schaffen und als Denkmal damaliger Reichsherrlichkeit späteren, leider zu kleinen Nachkommen zu hinterlassen. — Doch auch hier haben wie an den Pfalzen Karls d. Gr. Habgier und Verständnislosigkeit des Reiches Besitz zerstört, bis schließlich auch der Bestand des Reiches erschüttert wurde. Abweichend von dem gewohnten Aufbau und ganz Neues bietend, geeignet ungewohnten Kunstformen Platz und Geltung zu schaffen, stellte sich das Reichssaalgebäude selbst dar. Und noch jetzt, nur in geringen Trümmern uns aufbewahrt, vermag es den Empfänglichen in höchstes Entzücken zu versetzen.

Friedrich I. weilte in der zweiten Hälfte seines Herrscherlebens oft hier und hielt zu seiner Erholung in den umliegenden Reichsforsten auch große Jagden ab. Im Büdinger Walde, einem königlichen Bannforste, entstanden ungefähr gleichzeitig mit dem Gelnhausener Palaste kaiserliche Jagdschlösser: eins zu Wächtersbach, solche zu Büdingen und Ortensburg. Die Aufsicht über die Wälder übten 12 Reichsförster aus.

Die älteste Urkunde aus Gelnhausen ist vom Jahre 1170; am 25. Juli dieses Jahres soll Friedrich seinen Einzug hier gehalten haben. 1180 war hier Reichsversammlung, bei welcher die schon 1179 auf dem Reichstage zu Würzburg über Heinrich den Löwen ausgesprochene Ächtung bestätigt wurde. 1186 Versammlung von Fürsten und Bischöfen, auf welcher Friedrich I. Rechenschaft ablegte über seine Streitigkeiten mit Papst Urban II. 1189 feierte Friedrich I. hier das Osterfest. — Auch die folgenden Kaiser waren oft hier; nicht Konradin. Von hier aus kündigte Heinrich VI. den geistlichen und weltlichen Herren von England an, nachdem er ein ungeheures Lösegeld von ihnen erpreßt, daß er 3 Wochen nach Weihnachten ihren gefangenen König Richard freilassen werde. Kaiser Friedrich II. war oft hier, auch Wilhelm von Holland 1250 und 1254. Seit 1289 besuchte Rudolf von Habsburg das Schloß. Unter Ludwig d. B. stand der Palast von Gelnhausen in hohem Ansehen. Aber schon 1349 verpfändete Karl IV., der in solchen Dingen wohl viel geleistet hat, Burg und Stadt an Günther von Schwarzburg und die Grafen von Hohenstein — ganz im Widerspruch mit den ausdrücklichen Zusicherungen früherer Kaiser, daß Gelnhausen vom Reiche nicht veräußert werden solle. — Er steuerte aber dem Verfalle der kaiserlichen Pfalz etwas dadurch, daß er 1366 alles der Burg nachteilige Bauen verbot und sie der meist begünstigten Burg

Friedberg gleichstellte. — Es wäre wohl möglich, daß mit solchem
nachteiligen Bauen auch die Umwandlung des Erdgeschosses der Pfalz=
kapelle in eine Durchgangshalle gemeint ist.

Von dieser Zeit an weilte kein gekröntes Haupt mehr in dem
Palaste. Der zerfiel nun gänzlich. Zwar hatte schon Friedrich I. vor
seinem Zuge nach Kleinasien noch besondere Bestimmungen über die
Burgmannschaft von Gelnhausen gegeben, zu welcher in der folgenden
Zeit viele vornehme Geschlechter der Umgegend gehörten, die die Gan=
erbschaft bildeten; doch vernachlässigten sie Burg und Palast, anstatt
sie zu erhalten, und brachten Reichsgut an sich. — Von den Steinen
des Palastes bauten sich die Burgmannen mehrere stattliche Häuser
zwischen die Hütten der Beisassen hinein. Nur auf wiederholten kaiser=
lichen Befehl erhielt sich der Gottesdienst in der Kapelle. Da kein
Kaiser mit seinem Hofstaate in dem dem Untergange geweihten Palaste
mehr sich sehen ließ, war auch nicht mehr eine Doppelkapelle nötig,
und es könnte sein, daß von da an der untere Raum frei gegeben
wurde für Jahrmärkte (Messen). Daher könnte der Name Meßtor um
diese Zeit entstanden sein.

Trotzdem 1410 Kaiser Ruprecht den Burgmannen bei Verlust des
Burgmannenrechts geboten hatte, Geld zum Erhaltungsbau der Burg
beizutragen, geschah doch nichts. Erst 1417, beim Einschreiten Sigis=
munds, fanden sich die Grafen von Schwarzburg bereit, jährlich 40 Gulden
herzugeben, womit Turmleute, Wächter und Pförtner besoldet wurden.
Von den zur Burg früher gehörigen Gütern und Einkünften war nichts
mehr übrig geblieben. Sigismund hatte selbst den Wunsch in der
Burg Hof halten zu können und bestimmte daher, was in der Burg
Gelnhausen zum Reiche noch gehöre. — Nach der Hussitengefahr 1434
zeigten der Burggraf und die Baumeister den Burgmannen und weiter
dem Kaiser die Baufälligkeit der Burg an, daß „sein und des Reiches
Saal", das Meßtor und die Kapelle niederfallen wollen, sich sehr gesetzt
haben und gräßlich zerrissen seien, und daß das ganze Gebäude schimpflich
aussehe und vergehe. Da habe sich namentlich ein Turm gesenkt, dessen
Fall man alle Tage besorgen müsse. Dieser Turm müsse niedergelegt
werden, sollen Saal und Kapelle erhalten bleiben. Es scheint, daß nun
die Pfandherren auf Sigismunds Befehl Geld hergegeben haben. Die
jüngsten Hauptveränderungen mögen aus dieser Zeit herrühren. —
Der dreißigjährige Krieg brachte abwechselnd durch die Kaiserlichen und
die Schweden dem Palaste Verwüstungen, von denen es kein Wieder=
aufblühen gab. Aller Glanz und alles Vermögen war mit den Familien
selbst, die die Krongüter an sich gerissen hatten, untergegangen. Als

1783 ein kaiserliches Anschreiben von der Burg Gelnhausen den Betrag von 80 Römermonaten zum Türkenkriege forderte, berichtete die Burg, daß sie Güter gar nicht mehr besitze, sondern daß von armen Beisaßen, christlichen wie jüdischen, nur so viel rentiere, daß die Kapelle, auch gemeiner Diener=, Tor= und Pförtnerhäuser, Mauern und Pflaster kaum notdürftig unterhalten werden können.

Zu den letzten der Burgmannen der Ganerbschaft der Burg gehörten die Edlen von Sorstmeister und die Schelme von Bergen. Mit dem Aussterben des Rittergeschlechts der Krempf von Freudenstein in der ersten Hälfte des 19. Jahrhunderts erlosch die Burgmannschaft. Ihr Burgmannshaus stand vor dem jetzigen Eingange zur Burg.

Kaiserpfalz Goslar.

Was Menschenhand hier für die spätesten Zeiten Schönes geschaffen hatte, hat Menschenhand zerstört. Unzerstörbar ist einzig geblieben die von Friedrich I. mit feinem Schönheitsgefühle ausgesuchte Lage der kaiserlichen Pfalz am Ausgange des Kinzigtales.

Godeberg, unbekannt wo; vielleicht gleichbedeutend mit Magdeburg. P. R. Otto I. 946.

Goslar. Heinrich I. hatte am Rammelsberge sich ein Jagdschloß, wie an so vielen andern Orten des Harzes, gebaut. Hier hielt er sich wie seine Nachfolger als auf einem königlichen Meierhofe auf. 923 oder 924 vereinigte er 3 in der Nähe gelegene Dörfer zu einer Stadt: Goslar. Nach andern hat er eine die Stadt schützende Burg auf dem Jürgenberge erbaut. Diese Stadt trat wahrscheinlich nach Grona unter die 5 Städte in Sachsen, in denen der König Hof hielt. Heinrich II. erweiterte das Jagdschloß zu einer großartigen und sehr prächtigen

Pfalz, zu der sein zweiter Nachfolger Heinrich III. vielleicht das Beste beigetragen hat. Letzterer hatte 1039 und 1040 zugleich das Domstift S. S. Simonis und Judä von der Harzburg hierher übertragen und dem Palatium eingefügt, so daß der neue Dom, der schlechthin die Bezeichnung „Capella Imperii" erhielt, vom Palas aus nach Osten am Abhange des Hofes seinen Platz bekam, die westliche Ansicht dem Palas zugewandt. — Das zweigeschossige sehr große Palasgebäude enthielt im Erdgeschoß Aufenthaltsräume für die Palastwache; das obere Geschoß von 51 m Länge, 16 m Tiefe und 7,5 m Höhe mit einem Querschiffe von 11 m Höhe war der Festsaal, der sich durch 7 im Rundbogen geschlossene Fenster nach dem Hofe hin öffnet. Im Süden vom Palas, aber durch einen verdeckten Gang mit ihm verbunden, steht die Hof=kapelle S. Ulrici: eine Doppelkapelle mit der Grundgestalt des gleich=armigen Kreuzes. Sie ist als die Familienkapelle des Kaisers anzu=sehen und stammt aus dem 11. Jahrhundert. Eine dritte, wohl auch zur Pfalz gehörige Kapelle, die zweitürmige Marienkirche, lag westlich hinter dem Palas am Ende eines vom Palas senkrecht ausgehenden Flügels; sie ist aber verschwunden. In dem an der Nordseite dem Palas angeschlossenen Gebäude ist wohl die Familienwohnung des Kaisers zu suchen. Der Aufgang vom Hofe in den Saal soll zweifach gewesen sein, indem an dem Nord= und an dem Südende je eine kurze Treppe zur Höhe des Fußbodens führte und von da aus links, be=züglich rechtsum durch die Türen in den Giebelwänden in den Saal. Ein Aufgang vom Hofe her auf größerer Freitreppe unmittelbar in das Querschiff des Saales wird verworfen, weil durch einen so leichten Zugang die Sicherheit des Kaisers, der im Hintergrunde dieses Quer=schiffes seinen Stuhl hatte, gefährdet erschien. Die Pfalz in Goslar brannte 1289 ab; von da an wurden die Gebäude vernachlässigt. Der Palas wurde, allerdings viel später, zu geschäftlichen Zwecken benutzt. Der Kaiserdom, der selbstverständlich auch dem Verfalle entgegengehen mußte, wurde um 1820 aus Mangel an Verständnis abgebrochen; und nur die nördliche Eingangstür mit Vorhalle war noch zu retten, als ein kunstsinniger Reisender die maßgebende Stelle auf das Unrecht, das hier geschah, hinwies. Zum Glück war vor Beginn des Verwüstungs=werkes eine einfache Nachbildung in Holz ausgeführt worden.

Zunächst die Ulrichskapelle, später das ganze Palasgebäude sind baulich wieder neu hergestellt, wenn auch die innere Ausschmückung des Fest= und Gerichtssaales den Beschauer nicht in die Zeiten des Glanzes dieser Kaiserpfalz zurückzuversetzen vermag, und die Zugänge zu diesem noch jetzt größten fürstlichen Festsaale seiner Bedeutung nicht so recht

entsprechen wollen. Am Anfange des 11. Jahrhunderts war das Be=
wußtsein, der Festsaal ist die Fortsetzung des Hofes, noch zu lebendig,
als daß man unter Teilung der Teilnehmer am Feste oder an der Ge=
richtsverhandlung in einen nördlichen und einen südlichen Flügel die=
selben auf Umwegen in den Saal geleitet hätte. Die Wahl der Bau=
stelle ist wie bei den meisten der älteren wie jüngeren kaiserlichen
Pfalzen mit Sinn für landschaftliche Größe und Schönheit getroffen. —
Reichstage sind in Goslar gehalten worden 1009, 1015. Heinrichs III.
Herz, der in Bodfeld starb, wurde im Dome beigesetzt. Heinrich IV.

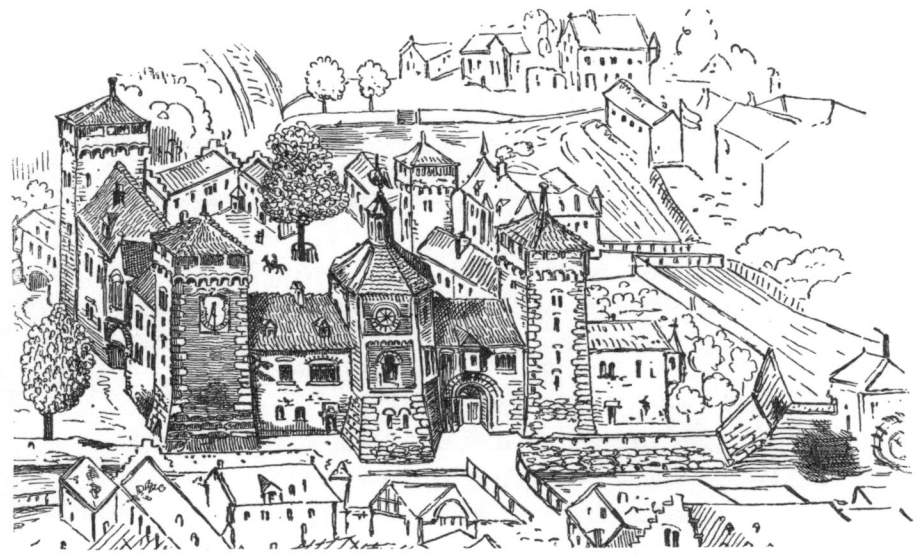

Kaiserpfalz Hagenau.

ist hier geboren. Die Hohenstaufischen Kaiser haben Goslar nicht be=
sucht. Viel sehenswerte Bauteile werden seit den Aufräumungsarbeiten
hier noch aufbewahrt.

Grona, eine der 5 Pfalzstädte in Sachsen (s. Allstedt), 3 Meilen
von Göttingen an der Leine. In dieser auf dem Hügel „Hagen“ ge=
legenen Pfalz pflegten sich die sächsischen Kaiser oft aufzuhalten, nament=
lich Heinrich I. und Otto I. Heinrich II. ist hier gestorben am 13. Juli
1024. Zerstört ist die Pfalz 1393, aber von Otto von Braunschweig
wieder aufgebaut.

Hagenau im Elsaß. Friedrich I. machte 1153 bis 1164 aus dem
Jagdschlosse seines Vaters Friedrichs des Einäugigen, Herzogs von
Schwaben, einen Kaiserpalast aus rotem Marmor und verwandelte die

Stadt in eine ſtarke Feſtung. „Jener kaiſerliche Palaſt, die Burg oder die alte Pfalz, war ſehr eng und ſchwer zu beſteigen. Zu oberſt war der „Gerichtsſtuhl“. Zum mindeſten ſehen die Leute ihn dafür an und ſagen, daß Kaiſer Friedrich allda geſeſſen. Er iſt von Steinen gemacht. Unten in der Burg iſt die Kirche geweſen, eine dreifache Kapelle.“ Darin ſind noch zu Merians Zeiten „oben herum feine, gegoſſene, ſteinerne Säulen geweſen, drei aufeinander in der Runde herum und gewölbte Kapellen unter einem Dach, mit gebackenen Steinen unterſchieden“; alſo vielleicht der Pfalzkapelle in Aachen nach= gebildet. — Darin ſind die Reichskleinodien 56 Jahre lang aufbewahrt worden: Zepter, Reichsapfel und Schwert Karls d. Gr. — Die Hohen= ſtaufen wohnten oft hier, auch Friedrich II. Er empfing die Geſandten fremder Fürſten und „gab auch an Auswärtige Lehen“. Im Schloſſe hatte ein Landvogt ſeine Wohnung. Zu den dazu Befugten gehörten von alten Zeiten her „etliche Landherren und welche von Adel; ſie hießen Burgmänner und hatten ihre Burgſitze, Gerechtigkeiten und Freiheiten vom heiligen römiſchen Reiche zu Lehen, bis Hagenau fran= zöſiſch wurde“, d. h. bis in den 30jährigen Krieg hinein. Die Land= vogtei erſtreckte ſich über die Reichsſtädte umher, die Unterlandvogtei über eine große Anzahl Reichsdörfer. — Um das Schloß herum ging ein Wildgehege. — 1540 war ein Reichstag in Hagenau. Von der Pfalz iſt nichts mehr vorhanden.

Harzburg, Hartisburg, Castrum Regium, Pal. R. Der Urſprung iſt dunkel; doch ſoll ſchon Heinrich III. das Domſtift Simonis und Judä auf dem Berge gegründet haben. Die eigentliche Burg hat Heinrich IV. zwiſchen 1065 und 1069 erbaut. Sie beſtand aus Paläſten üppigſter Art und dem Dome. Auf dem Frieden zu Goslar 1074 zwiſchen Heinrich IV. und den Sachſen war beſtimmt worden, daß alle Berg= feſten beider Teile geſchleift werden ſollten. Heinrich IV. tat es nicht mit der Harzburg, weil ihn die Domkirche darin dauerte. Da erfolgte die Eroberung der Harzburg und die Zerſtörung aller Teile derſelben durch die Sachſen und Thüringer. Heinrich IV. baute ſie 1075 von neuem auf. Von hier aus ſoll er ſeine Reiſe nach Kanoſſa angetreten haben.

Nach neuen Zerſtörungen und Wiederherſtellungen wurde ſie nach der Achterklärung Heinrichs d. L. von Friedrich I. als Reichsfeſte in Beſitz genommen und wieder aufgebaut. Seit 1187 werden Grafen von Harzburg als Reichsdienſtmannen genannt. Otto IV. ſtarb hier, nach= dem er mehrere Jahre lang hier in ſtiller Einſamkeit gelebt hatte, am 19. Mai 1218. Er hatte die Burg als Ganzes dem Reiche wieder zu= geſtellt. Später kam ſie in verſchiedene Hände: 1370 in den Beſitz

Ottos des Quaden. Dieser schenkte sie dem Hans von Schweichelt. Da die von Schweichelt schrecklich hausten, wurde die Burg 1422 abermals geschleift. Nachmals baute sich hier ein Raubritter an. Seine Burg kam in den Besitz der Herzöge von Braunschweig, zerfiel und wurde endlich abgebrochen, zerteilt und verpfändet 1650 bis 1654. Neueste Nachgrabungen haben viel altes Mauerwerk aufgedeckt, das nun einer eingehenden Prüfung harrt. Mit Ausnahme der Stelle des Gasthofes glaubt man die Grundmauern der besonders großen Burg bloßgelegt zu haben.

Reichsburg Kyffhausen.

Kalbe, P. R. Wohnstätte der sächsischen Kaiser mit einer ausgezeichneten Burg, nahe bei Barby. Zwei Reichsgerichtshöfe: der eine „Kalbe" auf dem rechten Saaleufer, der andere „Rosburg" oder Rosenburg jenseits der Saale. Otto I. 961. Viele kaiserliche Konvente. Der Königshof dabei wurde 965 der Moritzkirche in Magdeburg überwiesen.

Königswinter, kaiserliche Pfalz. Diese hat Heinrich II. mit allem dazu gehörigen Reichsgute dem Frauenkloster Dietkirchen an der Lahn bei Limburg zu Bann geschenkt.

Kyffhausen hieß die Oberburg, die zum Schutze der am Fuße des Berges liegenden kaiserlichen Pfalz Tilleda später als diese, wahrscheinlich zwischen 924 und 932, von Heinrich I. erbaut war. Es steht von ihr noch ein 80 Fuß hoher viereckiger Turm, das als Eingangstür dienende „Erfurter Tor", außerdem ein zweiter niedriger Turm und Trümmer von Wohngebäuden. Ein Neubau, vom Pfalzgrafen Friedrich von Bottendorf zugunften der Sache Heinrichs V. aufgeführt, soll 1118 vom Herzog Lothar von Sachsen zerftört, von Friedrich I.

Ruine des Kyffhäuserturms.

aber als Reichsburg wiederhergestellt worden sein. Nach Konrad IV. war sie ein Raubneft geworden und wurde zerftört; doch ließ Rudolf von Habsburg sie wieder aufbauen. Der Kaiser beftellte den Grafen Friedrich II. von Beichlingen-Rothenburg zum Burggrafen. 1320 und 1348 wurde Bernhard von Anhalt Burggraf von diesem „Castrum Imperiale". 1378 kam sie durch Kauf an die Brüder Heinrich und Günther von Schwarzburg (Rudolftadt). Damals und wohl noch 1407 war das Schloß noch ziemlich feſt; von da an verfiel es. Die Kirche, etwas von der Burg entfernt und tiefer gelegen, iſt erſt 1433 von Heinrich XXIII. von Schwarzburg erbaut worden. — Die alten, ehrwürdigen Trümmer ſind in ihrer Wirkung auf den Beſchauer ſehr beeinträchtigt worden durch das umfangreiche neue Denkmal, aber auch wohl in ihrer Widerſtandsfähigkeit; denn ſchon haben künſtliche Mittel reichlich angewandt werden müſſen, um die Wände des großen Turmes zu halten. Unangenehm wird man auch durch die Anlage der großen Steinbrüche und Schutthalden überraſcht. — Tummelplatz der Ausflügler.

Lauchſtedt unter Heinrich II. kaiſerliche Pfalz.

Merſeburg Königshof, P. R. Wo die jetzige Vorſtadt Altenburg ſteht, auf dem Hügel im Norden der Stadt Merſeburg, ſtand der Erbſitz Hatheburchs, Tochter des Grafen Erwin von Merſeburg und erſter Gemahlin Heinrichs I. Nahe dem ſüdlichen Abhange ſtand wahrſcheinlich von den Zeiten König Pippins her ein größerer, mindeſtens 2 Stock hoher ſteinerner Bau, die Königswohnung des alten Königshofes. Dieſe ganze Anhöhe umgab Heinrich I. 930 mit einer ſteinernen Mauer und legte dahinein ſeine beſten Dienſtmannen. Auch errichtete er innerhalb der Mauer eine ſteinerne, Johannis dem Täufer geweihte Kirche. Am ſüdlichen Suße des Abhanges aber ſiedelte er die Keuſchberger, eine ehemalige Räuberſchar, an und gründete oder vergrößerte damit die Stadt Merſeburg. — Jener ſteinerne Bau war wohl der einzige in der dortigen Gegend unter den nur aus Holz und Stroh gebauten Wohnhäuſern des verwüſteten Landes. Im oberen Stockwerke des ſteinernen Hauſes, das einen größeren Saal enthielt, feierte vermutlich Heinrich 933 ſeinen glänzenden Sieg über die Ungarn durch ein Seſtmahl und ließ ihn durch Wandmalereien verherrlichen. Aus der etwas näher bekannten Größe und Beſchaffenheit des Bauplatzes iſt zu erſehen, was man damals unter einer kaiſerlichen Wohnung oder Pfalz, deren es in Sachſen ſo viele gab, ſich vorzuſtellen hat: und doch war dieſe Königsburg ein bevorzugter Lieblingsſitz Heinrichs I. Die örtlichen Verhältniſſe ſind nicht ganz aufgeklärt. Otto I., der die Anlage durch Neubauten vergrößert hatte, legte ihr ausdrücklich den Namen „kaiſerliche Pfalz" bei. 968 ſtiftete Otto I. das Bistum Merſeburg, überwies dieſem die Johanniskirche, in deren Patronat ſpäter Laurentius, die Dreieinigkeit, Maria und alle Heiligen aufgenommen wurden, zur biſchöflichen Kirche und dem Biſchofe Boto ein neugebautes Haus in der Pfalz zur Wohnung. Otto II. hatte das viel von den Slaven bedrohte Bistum wieder aufgehoben, Heinrich II. aber dasſelbe

1004 am 4. März erneuert. Bischof Thietmar legte 1015 die 4 Grund=
steine zu einer neuen bischöflichen Kirche an der Stelle des jetzigen
Domes und verlegte zugleich damit seine Wohnung aus der kaiserlichen
Pfalz dorthin. Der neue Dom wurde 1021 am 21. Oktober geweiht. —
Heinrich II. mag auch die Pfalz in die Nähe des neuen Domes, nördlich von
diesem, verlegt haben. Diese hat Friedrich I. am 25. November 1188
den Bischöfen überlassen. Da von einer dritten Pfalz nicht die Rede
ist, so fragt sich, wo nach dieser Zeit die Reichstage gehalten worden
sind, da doch von 973 an bis 1302 in Merseburg 15 Reichsver=
sammlungen getagt haben. — In der neuen Domkirche, die nach ihrer
Gründung viele bauliche Veränderungen erfahren hat, liegt Rudolf von
Schwaben begraben, auch wird daselbst die ihm im Treffen gegen
Heinrich IV. abgehauene rechte Hand aufbewahrt. Ein ehernes Grab=
mahl bezeichnet seine Ruhestätte. Vom Palaste Ottos I. sind oberirdische
Spuren nicht mehr vorhanden. Der Königshof ist in den späteren
Schloßgarten aufgegangen.

Nierstein bei Oppenheim, Villa R., Palatium Insignitum Ottos III.

Nürnberg. In einer Urkunde Heinrichs III. vom 16. Juli 1050
wird zum ersten Male Castrum Noricum erwähnt; doch reicht die
Geschichte des festen Schlosses und der Stadt viel weiter zurück.
Ludwig III., Kaiser Arnulfs Sohn, soll Nürnberg, d. h. die vorhandene
Ansiedelung auf dem Burgberge, dem deutschen Reiche unterwürfig ge=
macht haben. Weil aber die Gegend sehr unsicher gewesen, sollen die
deutschen Könige eine Besatzung in das vorhandene Schloß gelegt haben,
so auch Konrad I. um 912. Nach andern soll auf dem Felsen nördlich
vom jetzigen Nürnberg die Burg erbaut worden sein als Zufluchtsort
der Nordgauer vor den Ungarn, damit sie dort Eisen schmieden könnten,
sowie für allerlei Handwerker und Handelsleute. Daher sollen in
diesem ältesten Teile der Stadtanlage die noch bestehenden Namen
Söldner=, Schmiede=, Krämergasse stammen. Diese Leute hätten dort
gesetzlos gelebt und hätten sich unbequem gemacht, so daß sie durch
Konrad I. hätten bezwungen und in die mittlerweile nach Süden zu
vergrößerte Stadt zurückgetrieben werden müssen. Heinrich I. habe
dann in Ausführung seiner Pläne, Deutschland widerstandsfähiger gegen
die eindringenden Ungarn zu machen, da, wo bisher die Burg gestanden,
eine starke Feste angelegt. Ob schon Konrad I. um 912 eine Vogtei
des Kaisertums, nämlich die Burgmannschaft, gelegt hat, oder erst
Heinrich III. 1040, darüber fehlen die Nachrichten. Unter Otto I. war
hier 938 die erste Reichsversammlung. Auch Heinrich II. und Heinrich III.,
letzterer noch 1050, sind gern auf der Burg gewesen. Jedenfalls ist

die ursprüngliche Burg durch sie vergrößert worden, so daß sie als Neu=
gründer derselben angesehen werden können. Fast unter allen folgenden
Kaifern bis zu Ferdinand I. 1563 wurden hier Reichstage gehalten.
Heinrich IV. weilte hier einige Tage auf seiner Rückkehr von Canoffa.
1105 verteidigte ein Präfekt Konrad die Burg gegen den Sohn
Heinrichs IV., den späteren Kaifer Heinrich V. Später hielten hier
oft Hof die ftaufifchen Kaifer Konrad II., Friedrich I., der auch hier
die kaiferliche Refidenz gebaut hat, Heinrich VI. und Philipp.
1219 hielt Friedrich II. einen glänzenden Reichstag in Nürnberg, und

Palas der Kaiferburg in Nürnberg.
Nach einer Photographie.

1273 gab Rudolf von Habsburg hier Beftimmungen über die burg=
gräflichen Rechte und belehnte die Grafen von Hohenzollern mit der
Burggraffchaft von Nürnberg. Der zuerft genannte Burggraf war
Gottfried von Vohburg 1138. Auch Albrecht I. und Ludwig d. B.
waren oft hier, Karl IV. faft jährlich. Karl IV., der in einem Haufe
auf dem Ponersberge, das „zum goldenen Schilde“ heißt, den erften
Teil der goldenen Bulle hatte ausarbeiten laffen, machte ihn hier be=
kannt. Er baute 1355 die Frauenkirche auf dem Markte und ließ an
der kunftvollen Uhr derfelben fein eignes Bild und die der Kurfürsten
anbringen. Die Bildfäule Karls d. Gr. am fchönen Brunnen foll die
Gefichtszüge Karls IV. tragen.

Das Reichsschloß war als einheitliches Ganzes den seit dem 10. Jahrhundert geltenden Bedürfnissen entsprechend mit Mauern und tiefen Gräben nebst 2 nach Süden gegen die Stadt und 2 nach Norden gegen das Land gekehrten Türmen bewehrt und hatte den Hauptzugang von der Stadt her und jedenfalls einen zweiten von Norden her da, wo jetzt noch das Veitnertor ist. Ein Tor an dieser Stelle war von Anfang an eine Notwendigkeit, da sonst die Besatzung des Schlosses durch die Bürger leicht von der Verbindung mit der Außenwelt abge= schnitten werden konnte. — Man hat gemeint, daß die Besatzung im Notfalle durch den tiefen Brunnen und den wagerechten Stollen an seinem Fußende sich hätte zurückziehen können. Aber sowohl die Be= förderung von Mannschaften in die große Tiefe wie auch der Gang durch den Stollen, der doch nur zur Wasserbeförderung da war, wären unausführbar gewesen.

Was innerhalb der Mauern und Gräben sich befand, ist in 3 Teile zu unterscheiden: 1. den zum Schutze dienenden ältesten Teil der Burg, 2. die kaiserlichen Wohngebäude, 3. die Wohnungen derer, die die Aufsicht über die Burg führten, und die burggräfliche Burg.

Die kaiserliche Burg, Castrum Imperiale, die eigentliche Wohnung des Kaisers, die während dessen Abwesenheit durchaus von niemand, auch nicht von dem Burggrafen, bewohnt werden durfte, vielmehr für diese Zeit geschlossen gehalten werden mußte, bestand aus dem festen, runden Turme, auch Bergfried genannt, dem Palas und der Kemenate, d. i. den Wohnzimmern für den Kaiser und seine Familie. Zu der Palastkapelle, die auf burggräflichem Gebiete stand, führte vom großen Saale her eine kleine Treppe, und zwar in das Obergeschoß, die Kaisers= oder Otmarskapelle. Das Untergeschoß, die Margaretenkapelle, das mit dem oberen, für die kaiserliche Familie bestimmten, Geschoß durch eine Öffnung in dessen Fußboden verbunden war, war für die Dienerschaft bestimmt und hat einen besonderen Zugang vom burg= gräflichen Hofe aus. Diese Doppelkapelle, die noch jetzt aus ältester Bauzeit vollständig vorhanden ist, stammt wahrscheinlich aus der Zeit Friedrichs I. Die innere bauliche Einrichtung dieser Doppelkapelle stimmt mit der Einrichtung jener zu Eger überein und spricht dafür, daß die beiden Kapellen der Pfalzen zu Gelnhausen und Bonneburg demselben Gedanken auch denselben Ausdruck gegeben haben. — Damit stimmt auch, daß die Steinmetzarbeit an den 4 schlanken Säulen, welche um den Ausschnitt das Gewölbe der oberen Decke tragen, feine arabische Muster aufweist. Auf dem Hofe der kaiserlichen Burg steht noch die große, sehr alte Linde.

Den Aufgang zur kaiserlichen Burg von der Stadtseite her deckten nacheinander 3 Torhuten und als vierte die oberste, die burg= gräfliche Burg. Jede dieser 4 Schutzbauten enthielt einen starken Turm mit dem Wohnzimmer des Hüters; die burggräfliche Burg den fünfeckigen Turm, das älteste Gebäude der Feste, an welches sich

Torhut der Kaiserburg in Nürnberg.
Nach einer Photographie.

die Stadt anbaute, und die Kapelle. Diese Burg lag ganz im Nord= often und hieß deshalb die äußere oder Vorburg. Die burggräfliche Burg mußte stets da sein, wo die Custodia portae war, und das war der fünfeckige Turm. Im Laufe der Zeit wurde von den Burg= grafen ein Recht nach dem andern an die Stadt Nürnberg abgetreten gegen Geldentschädigung, bis diese Burg 1419 oder 1420 in einer Fehde des Burggrafen Friedrichs VI. mit dem Herzoge von Bayern=Ingolstadt abbrannte und 1427 vom Burggrafen an die Stadt Nürnberg verkauft

6*

wurde. An ihrer Stelle errichtete die Stadt ein Kornhaus und einen Kasten und daneben zum Schutze der Stadt ein Bollwerk. Die letzten Rechte der Burggrafen nebst den ihnen noch gebliebenen Stadt- und Waldgerechtsamen gingen so an die Stadt über, während die Burggrafen nur noch den leeren Titel für sich behielten. Die erste Torhut am Himmelstor war früher an die Herren Hohenlohe von Brauneck; die oberhalb des Himmelstores nach der Margaretenkapelle zu gelegene an die Herren von Koldiz, und die dritte unter dem Sinewell- (runden) Turme beim Eintritt von der Freiung in den kaiserlichen Burghof an die Fischbecken und Waldstroner, später an die Hasen vom Hasenburg gekommen. Die burggräfliche Burg hatte das kaiserliche Schloß und die Vorhuten gegen Angriffe von der Landseite her zu schützen. —

Dieses ganze Reichsschloß ist infolge der ungeheuren Befestigungen niemals eingenommen worden und konnte deshalb gut dienen zur Aufbewahrung der Reichskleinodien. Die burggräfliche Burg und ebenso die anderen waren aber von Anfang an so klein und boten für eine Erweiterung so wenig Platz, daß schon seit 1190 die Burggrafen sich auf der 3 Wegstunden westlich von Nürnberg entfernten Kadolzburg, die ebenfalls dem Reiche gehörte, aufhielten. Aus der Kleinheit der Burggrafenburg geht auch hervor, daß die spätere Macht der Burggrafen keineswegs sich auf das Burggraftum gründete, dessen Macht kaum bis Nürnberg reichte; sondern fast ausschließlich auf einen weit ausgedehnten Eigenbesitz, den sie, durch ihren Reichtum und mehr wohl noch durch die vorausschauende haushälterische Klugheit unterstützt, in Geldverleihung an verschuldete Fürsten und Kaiser gegen Reichsunterpfand vermehrten. Selbst die Stellung im Reiche war nicht bedeutend; erst von 1381 an kommt in Urkunden sparsam vor die Bezeichnung: „Unser und des Reiches Fürst". Und auch die häusliche Stellung der Burggrafen ließ nicht auf hohen Rang schließen, da sie so gänzlich vom kaiserlichen Schlosse ferngehalten wurden, an dem sie durchaus keine Nutzungsrechte hatten. Die burggräflichen Rechte und Bezüge, wie sie von Rudolf von Habsburg in der Belehnungsurkunde an Friedrich von Hohenzollern festgesetzt waren, waren sehr knapp bemessen. Folgende sind sie: 1. die Burggrafschaft — ohne nähere Inhaltsangabe, also wohl der Titel —; 2. die Burg, welche der Burggraf in Nürnberg besitzt; 3. die Torhut, d. i. der fünfeckige Turm; 4. das Landgericht, dem der Burggraf an Kaisers Statt vorsitzt. Am Stadtgericht führt der burggräfliche Amtmann mit dem königlichen Schultheißen den Vorsitz; jenem gebühren zwei Drittel der Gefälle. 5. Aus der Schmiede in der Stadt bezieht der Burggraf einen Schilling; 6. von jeder Hofstatt jenseits der

Pegnitz Zins und Schnitterdienst; 7. im Nürnberger Walde sind sein
das dritte Wild und der dritte Baum, sowie das Abfallholz; 8. der
Sebalder Forst untersteht ihm mit allen Zubehörungen; ebenso gehören
ihm 9. die Dörfer Wohrd und Buch bei Nürnberg, die Stadt Schwand,
das Schloß Kreußen, die Vogtei des Klosters Steinach; 10. vom Schult=
heißenamt fallen ihm 10 Pfund Pfennige und vom Zoll in Nürnberg
ebensoviel zu. — Ursprünglich war die ganze Gerichts= und Militär=
gewalt in der Hand des Burggrafen vereinigt.

Als die Markgrafschaft Brandenburg „erblos" geworden war,
bewarb sich der Burggraf Friedrich IV. um dieselbe, übergab der Stadt
Nürnberg seine letzten Rechtsansprüche für ein „großes Geld", das er
dem Kaiser Sigismund, seinem Schwager, schenkte, und ward von ihm
mit der Markgrafschaft Brandenburg belehnt. „Und so nahm dazumal
die Burggrafschaft zu Nürnberg ein Ende."

Die Stellung der Stadt Nürnberg zur kaiserlichen Burg wird ge=
zeichnet durch die Urkunde Heinrichs VII. vom 11. Juni 1313: „die
Burg und der Turm in ihrer Mitte — wohl der runde Turm —
sollen so lange nicht von der Stadt getrennt werden, bis der Kastellan
und Inhaber den Bürgern Gewähr leistet, daß Burg und Turm nach
Heimgang des Königs oder römischen Kaisers bis zur nächsten Königs=
wahl wieder an die Stadt zur Verwaltung abgetreten werden." — Er=
wähnt sei noch ein Recht der Reichsburg: Dem 3 Tage und 3 Nächte
Freiung und Friede zu gewähren, der wegen Schulden oder nicht Hals
verwirkender Vergehen dahin flüchtet. Des Reiches Amtmann hat aber
das Recht, den Flüchtigen nach Ablauf der 3 Tage von der Burg nach
einem andern Orte zu geleiten, wo er sicher ist.

Die Kaiser selbst haben die kaiserliche Burg der Stadt auf ewig
zugestellt, auf daß die Stadt damit dem Reiche und dem römischen
Kaiser gewärtig sein solle: d. h. das Kaiserschloß solle stets bereit ge=
halten werden, daß, wenn der Kaiser hier einzukehren beabsichtige, er
seine Wohnung zu seiner Verfügung finde. Im übrigen solle sie ver=
schlossen bleiben.

1538 haben die Herren von Nürnberg die Festung neu herrichten,
erweitern und sie an verschiedenen Stellen mit starken Bollwerken be=
festigen lassen. Nachdem die alte Befestigung der Stadt mit Mauern
und Türmen, namentlich auch die um das Reichsschloß, nach Möglich=
keit erhalten wird, die Hauptgebäude des Reichsschlosses auch 1854 und
1855 zur Aufnahme der königlich bayrischen Familie wiederhergestellt
sind, hat die Stadt 1855 das Kaiserschloß dem Könige Ludwig I. von
Bayern zum Geschenk gemacht.

Saalfeld in Thüringen, nahe dem Waldgebirge der Slaven (Sorben), Lovia genannt. Heinrich I. gab 932¦(?) ein berühmtes Convivium hier. Ottos I. Sohn Ludolf hielt sich hier verborgen. Saalfeld wird 1056 Castrum genannt; es wird in Sachen Heinrich VI. mit Heinrich d. L. erwähnt. Die Teilung des Reichs unter die Söhne Ludwigs d. D. soll hier oder in Saalfeld im Ried bei Eichstedt statt= gefunden haben. Wegen vorhandener Pfalz in herrlicher Landschaft, vielleicht noch mehr wegen der reichen Jagd in den großen Gebirgs= wäldern soll Saalfeld von den Kaisern oft besucht worden sein.

Stendal. Ein Brauhaus soll Überbleibsel eines von Heinrich I. aufgeführten Palastes enthalten. Die ehemalige Burg soll noch vor= handen sein und amtlichen Zwecken dienen. Reichstag unter Hein= rich I. 926.

Tangermünde am Einfluß des Tangers in die Elbe. Daß Karl d. Gr. hier 803 ein Kastell anlegen ließ, ist nicht erwiesen. Heinrich I. hat die Burg auf der Anhöhe 924 oder 925 als Grenzfeste gegen die Wenden anlegen lassen. Geschichtlich erwähnt wird Tanger= münde zuerst 1009. Karl IV., der hier am 7. September 1373 seinen Einzug hielt, hatte die Burg in ein großartiges Schloß umgebaut, namentlich die hohe Suttermauer an der Elbseite und der Kapitelsturm rühren von ihm her. Er hat mehrere Jahre lang hier gewohnt. Sein Ziel war, die Stadt zum Mittelpunkte des Nordens seines Reiches zu machen. Am 29. Juni 1374 fand hier eine glänzende Versammlung weltlicher und geistlicher Fürsten statt. Das Schloß ist im Dezember 1640 von den Schweden erstürmt, geplündert und ausgebrannt. — 1903 sind innerhalb der Umfassungsmauern 2 hohe Türme, der vier= kantige Kapitelsturm und der runde Gefängnisturm, sowie das Ein= gangstor in alter Schönheit wieder fertig gestellt. Von der hohen Festungsmauer steht noch ein beträchtlicher Teil; der Festungsgraben ist noch heute weithin verfolgbar. Zwecks Erhaltung der ausgedehnten Burg ist zwar viel schon geschehen, doch noch viel zu tun erforderlich. Die Stadt Tangermünde, die von Karl IV., dem kunstsinnigsten ersten Kaiser seit Friedrich I., mit vielen teils noch unzerstört vorhandenen, teils in alter Herrlichkeit wieder hergestellten Gebäuden geschmückt ist, weist eine große Zahl der schönsten Bauwerke des norddeutschen Ziegel= rohbaues auf. Es ist zu beklagen, daß schon der Nachfolger Karls IV., Jobst von Mähren, mit der Plünderung der Schloßkapelle den Anfang zur Zerstörung der gewaltigen Kaiserburg machte.

Tilleda = Dolchbardia, kaiserliche Pfalz am östlichen Fuße des Kyffhäusergebirges, jetzt vollständig verschwunden von vollständig un=

bekanntem Standorte, war vornehmlicher Aufenthaltsort der sächsischen Kaiser von Heinrich I. an, mehr besucht als alle andern Pfalzen in Sachsen. Sie ist jedenfalls gleich jenen von Heinrich I. gegründet. Ein Blick von der Stätte der ehemaligen Pfalz zu Wallhausen, die schon 909 in den Besitz Heinrichs I. kam, macht es erklärlich, daß dieser als

Eingangstor mit Gefängnisturm
in Tangermünde.

Kapitelturm und Denkmal
Kaiser Karl IV. in Tangermünde.

Nach einer Photographie von G. Kyrian in Tangermünde.

Kaiser später den Plan faßte, dort in der Ebene eine Pfalz und auf der Höhe eine sie beschützende feste Burg zu bauen. Nach den Ottonen war sie von den Kaisern weniger besucht. Es sind eine große Anzahl Kaiserurkunden in Tilleda ausgestellt. Unter Heinrich IV. war für Tilleda die unglücklichste Zeit. 1069 nahm Heinrich IV. die wahrscheinlich in den Besitz der thüringischen Grafen übergegangene Pfalz und Burg Kyffhausen ein; 1073 verlor er sie wieder. Die Thüringer

machten sie noch fester. 1081 wurde sie wieder vom Kaiser einge=
nommen; 1118 wurde sie abermals von den Thüringern eingenommen
und zerstört. Friedrich I. stellte sie wieder her. 1194 fand in der
kaiserlichen Pfalz die Unterwerfung und Aussöhnung Heinrichs d. L.
mit Heinrich VI. statt. Nach dieser Zeit ist der Palast wohl nach und
nach vernichtet worden, während die Oberburg Kyffhausen schon durch
ihren festen Bau den zerstörenden Witterungseinflüssen noch längere Zeit
getrotzt hat. Kürzlich sind die Grundmauern wieder aufgefunden worden.

Überlingen im Linzgau. Nach Urkunden Friedrichs I. von 1153
mag ein P. oder Curtis R. hier gewesen sein.

Wallhausen b. Sangerhausen im Helmegau, eine der 5 Pfalz=
städte in Sachsen, s. Allstedt! Kaiserpfalz schon unter Heinrich I., der
909 mit Mathilde hier Hochzeit gemacht hatte. Otto I. 944, 961. So
wie Heinrichs I. Pfalz Allstedt auf einem Höhenzuge bei der Stadt
lag, so wird als Stätte der Pfalz zu Wallhausen eine Stelle auf dem
nördlich davon sich hinziehenden Bergrücken von älteren Einwohnern
dortiger Gegend angegeben. Vielleicht ist es ein dort noch befindlicher
kleiner Schutthaufen, der sie bezeichnet, vielleicht ein Gartenhaus: der
Volksmund nennt sie noch den „Kaiser". Schöner Blick von hier über
das Helmetal auf den Kyffhäuser.

Weilburg in Hessen, an der Mündung der Weil in die Lahn.
Konrad I. hatte hier einen Königshof, Palast (Aula). Urkunde von
914. Konrad I. und Adolf von Nassau sind hier geboren.

Werle, Werlitz, eine der 5 Pfalzstädte in Sachsen, s. Allstedt.
Heinrich I. hat das vorgefundene Schloß stark befestigt und später eine
Pfalz daraus gemacht; es wird zu seinen Lieblingssitzen gerechnet.
Otto I. und Heinrich II. wurden hier zu Königen gewählt. Von
Heinrich I. an bis zu Konrad III. haben hier viele Reichsversammlungen
stattgefunden. Die Billungen haben hier gewohnt. — Die Lage von
Werle ist unbestimmt: es wird zwischen Lippe und Ruhr gesucht; dort=
hin habe sich beim Einfall der Ungarn Heinrich I. der größeren
Sicherheit halber begeben. Nach andern sei es gleichbedeutend mit
Goslar. Am sichersten ist wohl, daß es in dem Dorfe Burgsdorf,
Landdroftei Hildesheim, Kreis Liebenburg, gelegen hat. Das stimmt
auch damit überein, daß Heinrich IV. es 1086 der Kirche zu Hildesheim
samt Immenrothe und Jethere zum Eigentum gegeben hat.

Würzburg. P. Bei der hervorragenden Bedeutung Würzburgs
schon im frühen Mittelalter ließ sich vermuten, daß, wenn auch keine
besonderen Nachrichten darüber auf uns gekommen sind, die deutschen

Könige doch ein eigenes Heim dort hatten. Ihre Beziehungen zur Kirche ließen nicht darauf schließen, daß sie etwa im Hause des Bischofs Wohnung genommen hätten. Heinrich II. war zugegen, als am 7. Mai 1008 das Bistum Würzburg die Lostrennung des Bistums Bamberg bestätigte. Heinrich IV., selbst aus fränkischem Geschlecht, wartete hier 1072 den Ausgang des Kongresses zu Gerstungen ab, der die Streitigkeiten zwischen ihm und den Sachsen und Thüringern schlichten sollte; und von 1077 an sind viele Reichstage hier gehalten worden. Auch ist berichtet,

Altes Rathaus in Würzburg.

daß die alten Gaugrafen im Grabfeld und nachmalige Grafen von Hennegau von den „alten Königen" oder Herzogen als Burgvögte von Würzburg bestellt waren.

Nun steht aber noch in der Domstraße das alte Rathaus „Zum Grünen Baume" mit dem „Grafen Eckhards-Turme"; die beiden unteren Geschosse desselben tragen nicht nur ganz das Aussehen eines Burgenbaues des 11. Jahrhunderts, sondern es zeigt sich sogar in seinem Innern die Anlage und Einrichtung einer Königsburg, eines, wenn auch kleinen Palas; und ein Gottwald von Henneberg wird als erster Burggraf seines Geschlechts 1087 genannt, der seine Wohnung als solcher in dem angebauten, damals noch niedrigeren Turme hatte. Und diese Burggrafen wohnten in dem Turme bis 1190. Hier haben wir die königliche Wohnung zu suchen. Auch das Kaiserhaus in Goslar aus der ersten Hälfte des Jahrhunderts war schon zweistöckig gebaut und bot wie das spätere Würzburger in seinem Untergeschosse einer kaiserlichen Leibwache Unterkunft. Das Obergeschoß enthielt einen größeren rechteckigen Saal, mit 4 oder 6 Fenstern an der Straßenseite, dessen Decke aus 4 Kreuzgewölben noch besteht, die ihre Stütze fanden auf 2 Gurtbogen, die wiederum auf einer romanischen Säule in der Mitte des Saales zusammentrafen, während Halbsäulen an den Wänden die anderen nötigen Stützpunkte lieferten. Mit diesem Hauptsaale in Verbindung stand ein kleiner Saal mit nur 2 Fenstern und mit einer Altarnische in der Ostwand.

Nachdem dem Sohne Friedrichs I., auch Friedrich mit Namen, vom Bischofe das östlich hinter dem Dome gelegene Katzenwickhaus zu Lehen gegeben war, haben sich die deutschen Könige von Friedrich I. an wohl lieber in diesem geräumigeren Baue aufgehalten. So wurde hier 1152 der Krieg gegen Italien beschlossen, und wurden die Fürsten darauf vereidigt; so hielt hier Friedrich I. im Mai 1156 seine Hochzeit mit Beatrix von Burgund, und 1168 fand die Reconciliatio der sächsischen Fürsten statt. 1180 wurden hier Heinrich d. L. alle seine Güter genommen; Otto IV. empfing hier alle deutschen Fürsten und Gesandte aus Italien und vermählte sich mit Beatrix, der Tochter Philipps. — Der kaiserliche Palast ist nachher auf andere übergegangen und schließlich durch Kauf auf den Würzburger Bischof Johannes. Der hat ihn schließlich zur neuen Universität den Studenten überlassen, die 1409 von Erfurt nach Würzburg ausgewandert waren. Es mag um 1200 die kleinere königliche Burg der Stadt — vielleicht als Pfand — überlassen worden sein; 1225 wurde sie vorübergehend in den Besitz des Bistums gebracht; doch scheint sie um 1250 schon wieder verpfändet gewesen zu sein an Conradus Dapifer und so von Hand zu Hand weiter, bis 1316 die Stadt den Bau wieder erwarb und zum Rathause bestimmte. 1359 wurde dem Baue eine besondere Kapelle eingefügt.

1397 wurde der große Saal vom Kaiser Wenzel benutzt, um Streitigkeiten zwischen dem Bischofe und der Bürgerschaft beizulegen. Von
diesem Vorgange her hat der Saal den Namen „Wenzelsaal" erhalten.
Es ist zu schließen, daß zur Festhaltung dieses Ereignisses der Saal mit
bildlichen Darstellungen geschmückt wurde: dem Reichswappen, dem
böhmischen Löwen, den 7 Kurfürsten, den Wappen selbständiger
Reichsstaaten und oberster Reichsfürsten. Das Gebäude blieb aber als
Rathaus im Besitze der Stadt. Eine Erhöhung des ehemaligen Burg-
grafenturmes, dessen Entstehungszeit man nicht kennt, ist 1453 bis 56
vorgenommen worden; 1540 bis 44 sind auf das Haus noch 2 Stockwerke gesetzt worden; das Untergeschoß ist dem Bedürfnisse entsprechend
später zu einer Rathausschänke umgewandelt worden. Die späteren
Jahrhunderte haben noch manche Veränderungen angebracht. Das
erste Obergeschoß soll von allen Einbauten und Umbauten befreit in
seiner schönsten Herrlichkeit wieder hergestellt werden.

Die neu entstandenen festen Schlösser und Burgen.

Arneburg in der Altmark. Es ist hier ein ansehnliches Schloß
gewesen, in welchem verschiedene Kaiser gewohnt haben. Heinrich I.
soll es gegen die Wenden angelegt, Otto III. weiter befestigt haben.

Böckelheim a. d. Nahe, Reichsburg. Hier soll Heinrich V. seinen
Vater Heinrich IV. zu Weihnachten 1105 gefangen gehalten haben, bevor
dieser in Ingelheim auf Krone und Reich verzichten mußte. Böckelheim
wurde später sponheimisch und ist 1688 von den Franzosen zerstört.

Flochberg bei Bopfingen in Württemberg wird kaiserliche Burg,
als welche sie 1149 von Herzog Welf von Bayern belagert und ohne
Blutvergießen bestürmt wird. Die Abhängigkeit vom Herzogtum
dauerte bis ins 13. Jahrhundert, da die Marquarde von Flochberg
1279 nur als Burgvögte die Burg als ein Lehen vom Kaiser inne
gehabt zu haben scheinen. 1421 mag noch ein Fritz Flochberger Burg-
vogt und Ritter gewesen sein.

Germersheim. Die Burg stand auf der Stelle eines römischen
Kastells; sie soll von Konrad II. erbaut worden sein, verdankt aber
ihr Aufkommen erst Rudolf von Habsburg. Ihm war sie Lieblingssitz,

hier erkrankte er 1291. 1276 hatte er neben der Burg eine Stadt angelegt. Ludwig d. B. hat viel auf die Stadt gehalten.

Giebichenstein bei Halle, ein Doppelschloß. Das oberste und älteste, die alte Festung, war ursprünglich Eigentum Heinrichs I. und Ottos I. Es wird als Reichsschloß zuerst 965 erwähnt. Otto I. schenkte das Schloß und den ganzen Bezirk um Halle der Kirche zu Magdeburg, dem Erzstift; seitdem ist am Fuße der Burg die feste Residenz der Erzbischöfe gewesen. Das obere Schloß blieb noch längere Zeit zur Verfügung des Kaisers und diente wegen seiner festen und sicheren Lage als Staatsgefängnis. So saß hier wegen Aufruhrs gegen Heinrich IV. Ludwig, der sog. Springer, Landgraf von Thüringen, 1081, Herzog Gottfried von Lothringen, Herzog Ernst von Schwaben.

Goseck, festes Schloß an der Saale, ehemalige Residenz der Pfalzgrafen von Sachsen, seit 1053 Benediktinerkloster.

Habsburg erbaute auf einer Anhöhe bei Windisch a. d. Aare Werner, Bischof von Straßburg, um 1027 mit 2½ m dicken Mauern. 1099 wird es in den Urkunden zum ersten Male erwähnt. Die alten Grafen von Habsburg hatten ihren Sitz in Laufenburg bei Basel. Im Angesicht dieser Burg wurde 1308 Albrecht I. bei Königsfelden zwischen Reuß und Aare ermordet. Die Mauern stehen noch.

Hammerstein bei Sayn. Papst Gregor VII. soll als Schüler in einem Turme auf Befehl Heinrichs III. gefangen gesessen haben. 1076 fand Heinrich IV. hier Zuflucht. Die Reichskleinodien wurden eine Zeitlang hier aufbewahrt.

Kirchberg bei Jena, wahrscheinlich von einem deutschen Könige im 10. oder schon im 9. Jahrhunderte angelegt, in der Folge aber in den Besitz der Burgvögte gekommen, die sich auch danach nannten. Es scheint 1290 unter Rudolf von Habsburg, da es ein Raubschloß geworden war, als kaiserliches und Reichsschloß wieder eingezogen zu sein. Wenn auch die Festungswerke zerstört waren, so muß doch das Schloß selbst erhalten geblieben sein, denn 1327 wurde es von Ludwig d. B. dem damaligen Herren Reußen, Vogt von Plauen, als ein zum Dienst für Kaiser und Reich taugliches Haus in der Absicht eigentümlich und erblich übereignet, daß er und seine Erben mit dem Schlosse dem damaligen und allen folgenden Kaisern auf Erfordern dienen und aufwarten sollen. — In Pisa ausgefertigte Urkunden befinden sich noch im Besitze des fürstlichen Hauses Reuß-Greiz. Um 1400 kam Kirchberg an das markgräflich meißnische und landgräflich thüringische Haus. Zerstört wurde es um 1750. — Es werden Burg-

Ober- und Unterschloß Giebichenstein.

Nach einer Zeichnung von Wilhelm Steuer.

grafen von Kirchberg genannt, die den Burgfrieden zu wahren und die Burg zu verwalten hatten; sie standen unmittelbar unter Kaiser und Reich. Daher schrieben sie sich auch seit 1214 „von Gottes Gnaden" und wurden Edle (nobiles) genannt. Auf dem Hausberge bei Jena standen von der Spitze im Westen an gerechnet 3 Burgen: Greifenberg, Kirchberg, Windberg. Das letzte Überbleibsel von dem Reichsschloß Kirchberg ist der Suchsturm.

Kreußen bei Kulmbach war eine Reichsburg. Konrad IV. hat 1251 aus ihr ein Burggrafenamt gemacht, das er seiner Nichte und deren Ehemanne, Burggrafen von Nürnberg, gab.

Lauterburg und Rosenstein und die Städte Heubach und Aalen. Lauterburg, zwischen Schwäbisch-Gmünd und Nürnberg gelegen, hat vielleicht früher zu den Patrimonialgütern des Hauses Hohenstaufen gehört. Das Unglück dieses haben vielleicht die Grafen von Öttingen benutzt, um ihr Vermögen zu vergrößern. Die Krone Böhmen kaufte am 4. Dezember 1360 die öffentlich zum Verkauf ausgebotenen 2 Burgen und 2 Städte. Karl IV. vertauschte sie an das Reich gegen die Städte und Schlösser Weyda, Parkstein und Karlswald. Kaum über ein Jahrzehnt blieben die beiden Burgen Reichsburgen. 1377 wurden sie an den Grafen von Württemberg Eberhard den Greiner für 20000 Gulden verpfändet; dessen Enkel Eberhard der Milde überließ sie an Georg von Wöllwarth. Jetzt liegen sie in Trümmern.

Leißnig. Burggrafen von L. gab es schon zu Heinrichs I. Zeiten. Das Burggrafentum war zum Schutze des Reichs wider die Wenden errichtet. Das Schloß war von starken Mauern und Türmen umgeben.

Limburg im Breisgau, nahe beim Kaiserstuhle auf einem Felsen im Rheine. Auch hierher wird Rudolfs von Habsburg Geburt verlegt. In der Nähe ertrank ein Sohn von ihm im Rheine.

Limburg a. d. Lahn. Vielleicht ist an dem Felsen, auf dem der Dom steht, Konrads I. Wohnburg gewesen. Konrad soll hier gestorben und im Dom begraben sein, wo sich auch sein Grabdenkmal befindet. Später sollen seine Gebeine nach Fulda gebracht und in der Domkirche beigesetzt sein. Dorthin wird auch sein Tod verlegt.

Limburg in der bayerischen Pfalz, nahe bei Dürkheim, wahrscheinlicher Geburtsort Rudolfs von Habsburg am 1. Mai 1218. Am 12. Juli 1030 stiftete angeblich hier und in Speyer den Dom Konrad II.

Die Grenzwarte Mückenburg bei Meißen ist gegen die Wenden von sächsischen Kaisern erbaut.

Osterode am Harze bei Eimbeck, altes Schloß, ein Lieblings-aufenthalt der Ottonen, vielleicht das „Portenaha", Portenhagen, von Eimbeck nach Oldendorp zu, später Schloß der Fürsten von Grubenhagen.

Plüdershausen in Württemberg, dabei Trümmer einer Burg, in der Friedrich I. geboren sein soll. Eigenbesitz.

Quedlinburg, seit 929 Stadt, war von Heinrich I. seiner Ge-mahlin Mathilde in dotalicium gegeben und dann von dieser und

Habsburg.

Otto I. viel und reich ausgestattet. Zum Schutze des Königshofes mit der sehr alten Wipertikirche im Thale wurde auf hohem Felsen eine Burg errichtet. 16 deutsche Könige haben ihr Hoflager hier aufge-schlagen bis auf Otto IV., der 1207 hier war; viele Coenubia und öffentliche Conventus des Reichs wurden hier gehalten, 985 ein Reichs-tag unter Otto III. Die Stiftskirche St. Servatii in der Burg, begonnen von Heinrich I. und vollendet 936 nach seinem Tode, erhielt nach ihrer Wiederherstellung 1129 durch Kaiser Lothar eine neue Weihe. Gegenwärtig ist sie vollständig erneut. Sie enthält die Gräber und Denkmäler Heinrichs I., der in Memleben starb, und der Mathilde, die 968 in Nordhausen oder hier starb. Im Zither sind verschiedene Andenken an

Dom und Burg in Limburg a. d. L.

beide. Wie an vielen andern Orten, soll auch bei Quedlinburg der Sinkenherd gewesen sein. Eine großartige Ansicht von Quedlinburg findet sich bei Merian-Zeiller. Das freie weltliche Reichsstift ist 936 von Heinrich I. und Otto I. eröffnet.

Ranis, Königshof oder Jagdschloß der sächsischen Kaiser, von Saalfeld aus leicht zu erreichen.

Raspenburg, nördlich über der Stadt Rastenberg im Großherzogtum Weimar, Stammburg des Landgrafen Heinrich Raspe und Gegenkönigs Heinrichs IV., erbaut 1070, zerstört 1321.

Ravensburg und die Landvogtei Altorf, im südlichem Württemberg, war durch Welf VI. an die Hohenstaufen gekommen und fiel nach

Schloß und Stift in Quedlinburg.

deren Erlöschen an das Reich zurück. Ravensburg war vom Grafen Welf II. von Altorf gegründet. Südlich von der Stadt erhebt sich die Veitsburg, in der Heinrich d. L. geboren. In Ravensburg und den kleinen Städten nördlich am Bodensee hielt sich Konradin auf. — Die Herzöge von Schwaben hatten bisweilen auf der Veitsburg Hof gehalten, besonders Hildebrand, Vater der Hildegard, einer Gemahlin Karls d. Gr. Nicht weit davon der Burgstall Haßloch, wo auch Friedrich I. geboren sein soll; vielleicht ist die Burg bei Plüdershausen damit gemeint.

Regenstein, Reinstein, Bergfeste nördlich von Blankenburg am Harze, 919 von Heinrich I. angelegt, wurde dem Grafen vom Harzgau zur Aufsicht übergeben. Er hat bis ins 18. Jahrhundert noch als Festung gedient.

Rosenstein s. Lauterburg.

Rothenburg ob der Tauber. Um die Stadt besser in Gehorsam halten zu können haben die Kaiser auf die alte fürstliche Burg in Rothenburg, wo die Herzöge von Franken gewohnt haben und, da diese Herzöge zur Königswürde gelangt waren, auch die deutschen Könige und römischen

Regenstein.

Kaiser, Burggrafen als kaiserliche Anwalte und Präsidenten gesetzt. Reiginald, Friedrichs I. Sohn, ist der erste Burggraf gewesen; ihm folgte sein Bruder Konrad. Der ist im Luffard, einem Walde, umgekommen. Bis 1352, 150 Jahre lang, sind 6 Burggrafen gewesen; darauf wurde das Burggrafenamt der Stadt übergeben. Nach einem Erdbeben von 1356 ist die alte Burg mit kaiserlicher Genehmigung von der Stadt abgebrochen worden; es sind von ihr kaum noch Trümmer vorhanden. Ein Bürgerpark nimmt die Stelle ein. Die Burg war früher an Konrad, Kaiser Arnulfs Sohn, Herzog von Franken, Hessen und der Wetterau verliehen. Herzog Konrad, Heinrichs I. Sohn, soll 942 ein Ritter= oder Turnierspiel zu Rothenburg gehalten haben. —

Die Stadt Rothenburg, die von allen deutschen Städten ihr mittelalter-
liches Aussehen am meisten bewahrt hat, ist von Mauern mit 33 Türmchen
umgeben gewesen; vor den 6 Toren waren 6 Bastionen, 3 Burgen vor
der Stadt: 1. die Engelburg auf der andern Seite der Tauber, 2. auf
dem Berge hinter dem Spitale der Essigkrug, 3. die rote Burg, die
mittelste vor der Stadt. Das Landgebiet, wenige Geviertmeilen groß,
ist mit einer Landwehr von lebendigen Hecken, Gebücke, 9 Seen und

Burgtor in Rothenburg o. T.

9 Türmen, durch welche die Landstraßen gingen, umgürtet gewesen.
In den mit Doppelhecken umgebenen Türmen wohnten Turmwächter.

Salzwedel. Heinrich I. legte 927 die Nordmark mit der Hauptstadt Salzwedel an. Die alte Burg ist jetzt wieder hergestellt.

Scharfenberg bei Meißen an der Elbe soll von 933 an von
Heinrich I. und Otto I. erbaut sein. Später, jedoch vor 1300, kam es
an die Markgrafen von Meißen.

Seesen am Harze, Civitas Regalis cum Castro. 974 von Otto II.
dem Kloster Gandersheim geschenkt.

Stahleck, Burg oberhalb Bacharachs, im 12. Jahrhunderte im
Besitze der Hohenstaufen. Versuch einer Aussöhnung zwischen den
Hohenstaufen und den Welfen.

7*

Trifels bei Annweiler an der Queich, eine Kaiferburg auf steilem Felsen, dem Sonnenberge, ist sehr alt. Heinrich V., der vielleicht noch 1124 hier gebaut hat, hielt hier in den festen unterirdischen, gewölbten Verließen von 1113 bis 1115 den Erzbischof Adalbert von Mainz ge-

Turm vom Trifels.

fangen, bis er von den Mainzern in einem Aufstande gezwungen wurde ihn wieder freizulassen. Diesen umfangreichen Bau hat Friedrich I. aus hohen behauenen Quadern gleich der Burg zu Hagenau zum Teil neu gebaut. „Oben in der Höhe dieses Hauses ist ein gewaltiger Saal, zu dem man durch einen Felsen, in welchen viele Staffeln gehauen sind, gehen muß. Dieser ist mit Marmelstein geblattet." Der Palas ist zer= stört worden um 40 Marmorsäulen zu gewinnen. Das bestätigt zu=

sammen mit vorangehender Angabe, daß das ganze Schloß ein „Schmuck=
bau" gewesen ist, in dem sehr wohl Kaiser längere Zeit wohnen konnten.
Beim Vorhandensein der festen unterirdischen Räume konnte es ein
Schatzkammerschloß des deutschen Reichs, ein Aufbewahrungsort der
Krone und Reichsinsignien sein. Bemerkenswert ist, daß sich noch ein
aus der Mauer hervortretender Kopf erhalten hat. Solch ein Kopf
wie andere Werke der Steinmetzkunst kommen auch an anderen künst=
lerisch ausgeführten Bauten desselben Kaisers Friedrich I. vor, wie
z. B. in Gelnhausen und in Eger, so daß Friedrichs I. Bautätigkeit
hier zweifellos ist. Auch die Anlage des dreigeschossigen Hauptturms
— dessen geringe Höhe wie die Treppenanlage in der Mauerstärke auf
orientalische Vorbilder hinweist — spricht für Friedrichs I. Bautätigkeit.
Auch in der neuen Gestalt diente das Schloß weiter als Staatsgefängnis.
So beherbergte es in sicherem Gewahrsam 1193 bis 1194 den König
Richard von England, nachdem dieser vom Herzoge von Österreich aus
dem Gefängnisse des Dürrensteins (Thirenstein) an der Donau, die dem
österreichischen Dynastengeschlecht von Chuenring, damals Hademar II.,
gehörte, an den Kaiser Heinrich VI. ausgeliefert worden war. 1193 war
Richard nach Worms, in Ketten geschlossen, gebracht, nachher auf den
Trifels und scharf bewacht; von da einmal nach Hagenau in festem
Gewahrsam vor eine Reichsversammlung, nachher nach Speyer, jedoch
ehrenvoll behandelt. Erst, nachdem das ungeheure Lösegeld von
100 000 Mark fein Silber bezahlt war und Richard dem Kaiser ge=
huldigt hatte, wurde er am 28. Februar 1194 freigegeben. Später
nahm Heinrich VI. selbst auf dem Trifels Wohnung. In den ersten
Tagen des Juni 1194 rückte er jedoch schon wieder in Italien ein. Nach
Unterwerfung Apuliens und Siziliens und Anrichtung furchtbarer Greuel
wurden die geblendeten und verstümmelten Gegner Heinrichs VI. auf
den Trifels in die Staatsgefängnisse geschickt. Auch die vielen Reich=
tümer und Kostbarkeiten, die aus Palermo und Messina geraubt waren,
kamen auf den Trifels in Sicherheit. — Während des Interregnums
blieb der Trifels im königlichen Besitz als eine Festung ersten Ranges.
Trifels war ein Reichsgut und gehörte keinem Kaiser als Eigentum,
sondern ging von dem, der die Krone trug, auf dessen Nachfolger über,
wie auch andrerseits der Besitz des Trifels Anwartschaft auf die Krone
gab. Unter Kaiser Philipp saß Erzbischof Bruno von Köln 1206 als
Welfengenosse auf dem Trifels gefangen. Nach Philipps Ermordung
wurde der Trifels 1209 an Otto IV. ausgeliefert; dabei hielt der Bischof
von Speyer die Reichskleinodien auf dem Trifels verwahrt. 1214 pflanzte
Friedrich II. das Panier der Hohenstaufen auf dem Trifels auf. Als

Friedrichs II. Sohn Heinrich seinen Vater in Deutschland vertreten hatte, während jener in Italien weilte, und sich bei dessen Rückkehr nach Deutschland weigerte den Trifels ihm wieder auszuliefern, wurde er gefangen zuerst auf das Schloß Heidelberg gebracht und darauf in ein festes Schloß nach Italien. Hier ging er elend unter. So blieb der Trifels von 1215 bis 1255 wieder im Besitze der Hohenstaufen. Von da kamen Schloß und Reichskleinodien an Wilhelm von Holland. Die Reichskleinodien befanden sich noch 1269 auf dem Trifels. — Nur noch unter Adolf von Nassau befanden sie sich wieder daselbst, sonst nicht mehr; doch das Schloß blieb wichtige Reichsfestung. Heinrich VII. wies noch 1310 Geld zu dessen baulicher Unterhaltung an. Aber schon 1330 verpfändete Ludwig d. B. den Trifels und viele andere Reichsschlösser und Städte an die Pfalzgrafen Rudolf und Ruprecht für 60000 Mark Silber; 1346 schlug er auf diese Pfandsumme noch 1000 Pfund Heller, welche Pfalzgraf Ruprecht auf der Reichsburg Trifels verbauen sollte. Gelöst wurde die Pfandschaft nicht. 1410 kam die Reichsburg an die pfälzische Linie von Zweibrücken. Da diese jetzt in Bayern regiert, kam der Trifels an diesen Staat.

Die äußeren Schicksale dieses Reichsschlosses betreffend wurde es 1525 von den Bauern erobert; doch blieb die Feste im wesentlichen unversehrt. 1602 zündete hier der Blitz; 1631 besetzten die Schweden den Trifels, 1634 nach der Schlacht bei Nördlingen die Kaiserlichen, die ihn gleich andern Schlössern und Städten ausraubten. 1639 plünderten hier die Weimaraner. Bis 1645 stand das Schloß in seinen Hauptteilen noch unversehrt; doch kümmerte sich niemand mehr um das nun leerstehende Schloß, so daß es verfiel. 1670 fand die zweibrückische Kammer den Kostenanschlag von 50 Gulden zu hoch, um durch die notwendigste Ausbesserung des Dachstuhls den kunstreichen Brunnen zu retten. Säulen und Marmorplatten wurden nun zum Teil in der Kirche zu Annweiler verwandt, und „wer was brauchen konnte, griff zu". — Auf dem Trifels steht noch ein stattlicher Turm aus Quadersteinen, ein mit einem turmartigen Gebäude überwölbter Brunnen, aber verschüttet, einiges Mauerwerk nebst den Eingängen in die unterirdischen Gewölbe. Von den Überbleibseln der Schloßkapelle, in der früher die Reichskleinodien — vielleicht hoch aufgehängt wie später in der Kirche zum heiligen Geiste in Nürnberg — aufbewahrt wurden, ist seit 1750 kaum noch etwas zu erkennen. Von dem Bogengange, der den Hauptturm mit dem Brunnenturm verband, stand 1857 noch ein Teil.

Der Name Trifels zeigt an, daß das große Kaiserschloß aus 3 Schlössern auf 3 Berggipfeln bestand: dem eigentlichen Trifels, dem

Anebos und der Münze. Die Münze, sonst Scharfenburg genannt, wurde 1525 ganz ausgebrannt. 1857 stand von ihr nur noch ein Turm und ein Brunnen. Münze also, als notwendiger Bestandteil einer Kaiserburg, wie auf der Salzburg. — Viele Volkssagen, namentlich Friedrich I. betreffend, knüpfen sich wie an die Pfalz in Hagenau so an den Trifels.

Werben an der Elbe in der Altmark. Heinrich I. hat ein vorhandenes Schloß verstärkt wegen dessen günstiger Lage und hat auf der andern Seite der Elbe nahe der Havel eine feste Burg Siegenberg errichtet. Er hat einen großen Sieg über die Wenden dort erfochten.

———

Hohenstaufen. Graf Friedrich IV. von Büren bei Göppingen erbaute 1080 auf den Grundmauern einer früheren Burg eine neue Burg. Diese wurde die Stammburg der „Hohenstaufen", nach dem Berge genannt, auf dem die Burg stand. Konradin, der letzte des Geschlechts, verpfändete die Burg an die Schenken von Limburg; von diesen wanderte sie von Hand zu Hand, auch an Karl IV., an die Herzöge von Österreich, 1373 an die Herren von Rietheim, endlich an den Grafen Eberhard V. von Württenberg. 1519 war Georg Stauffer Kommandant der Burg. Es mißlang ihm der Versuch, sich in den Besitz der Burg zu setzen. 1525 nahmen die Bauern die von ihren Verteidigern verlassene Burg ein und zerstörten sie. Von da an war die Burg so gut wie herrenlos, da jeder sich davon nehmen konnte, was er wollte. 1648 kamen die Trümmer wieder an die Herzöge von Württemberg. Wie das Hohenstaufengeschlecht, dessen letzter Vertreter in Neapel auf offenem Markte am 29. Oktober 1269 enthauptet und am Meeresstrande verscharrt wurde, spurlos verschwunden ist, so ist es auch die Stammburg Hohenstaufen. Reichseigentum ist die Burg nie gewesen.

———

Königshöfe und andere Wohnorte.

Aalen. „Friedrich I. hat da Hof gehalten, wo jetzt Bergwerke, Gräben und Schloßgarten sich befinden."

Altenburg an der Pleiße ist ein Burggrafentum gewesen, eine Reichsgrafschaft. Ein Burggraf Ulrich hat die Schlacht bei Merseburg 933 mitgemacht. Friedrich I. soll die Stadt Altenburg mit der ganzen Herrschaft Pleiße dem Grafen Rathboden um 500 Mark Silber dem

Reiche zugute abgekauft haben. Schloß und Burggrafentum bekam später Landgraf Friedrich der Entartete von Meißen, der das Land an Kaiser Rudolf v. H. verkaufte. Kaiser Albrecht hat sich hier aufgehalten.

Altorf, kaiserliche und Reichsvogtei mit Ravensburg.

Ansbach, kaiserliches Landhaus, mit dem 1273 Rudolf v. H. den Burggrafen Friedrich von Nürnberg belehnte. Später hielten Amtsrichter und Affefforen des kaiserlichen Landgerichts des Burggrafentums Nürnberg zu gesetzten Zeiten im Jahre ihre Versammlungen hier ab.

Balgstedt, Königshof. Otto II. 975.

Barby an der Elbe, Königshof und Burgwarte 961.

Bodfeld an der Bode im Harze, Curtis Reg., Jagdschloß der sächsischen und salischen Kaiser, am meisten von Heinrich I. besucht, beim Hüttenwerke Königshof. Heinrich III. ist hier in Gegenwart des Papstes Viktors II. gestorben. Später kaiserliche Pfalz, jetzt eine Wiese.

Bornheimer Berg war kaiserliche und Reichsgraffchaft. Sie wurde 1499 an den Grafen von Hanau-Sackbach verpfändet.

Brugge, Brugeheim an der Leine, oberhalb Elze, königlicher Hof Ottos I. 937.

Dezen, Decima, Curtis R., an der Mosel, Otto I. 940.

Drübeck am Harze, Jagdsitz der sächsischen Kaiser, 1009 von Heinrich II. den Benediktinern übergeben.

Epprechtstein beim Waldstein im Sichtelgebirge, Grenzfeste der nordgauischen Graffchaft, kam 1347 an die Burggrafen von Nürnberg.

Eßlingen. Es mag hier ein Königshof gewesen sein, da sowohl Heinrich IV. 1077, als auch Karl IV. 1360 oder 1361 Reichstag gehalten haben in dem Refektorium des Franziskanerklosters.

Frauenstein an der böhmischen Grenze war vor Zeiten der Sitz der Burggrafen von Druchseß.

Frohse, Königshof und Burgwarte. 961.

Gernsheim am Einflusse des Winkelsbachs in den Rhein. Curtis R.

Gittelde am Harze wird als ein Lieblingsaufenthalt Heinrichs I. bezeichnet.

Hachenburg, Kreis Oberwesterwald, hat ein altes burggräfliches Residenzschloß der Grafen Sayn, vielleicht vom Hammerstein her.

Halberstadt. Die Kaiser haben oft hier die hohen Kirchenfeste gefeiert, so Friedrich I. 1156, und Reichstage gehalten.

Hals und Reschenstein bei Passau, Trümmer der reichsherrschaftlichen Burgen.

Hattingen an der Ruhr im Kreise Bochum, Curt. R. Otto III.
990; Heinrich II.

Hohenstein am Harze; Reichsgrafen von H. wohnten darauf.

Das innere Burgtor der Kadolzburg.
Nach einer Zeichnung von Ewald Manz, Weimar.

Hohentwiel kam vorübergehend an die Hohenstaufen.

Kadolzburg, 2 Meilen westlich von Nürnberg, Wohnsitz der
Burggrafen von Nürnberg, kam 1248 durch Heirat des Burggrafen

Friedrichs II. mit der Tochter Ottos, des letzten Herzogs von Meran, an das Haus Hohenzollern.

Kassel, Castr., Civitas. Konrad I. 913. Heinrich II. verlegte von hier seinen Hof nach Kaufungen und schenkte seiner Gemahlin Kunigunde ein kaiserliches Gut.

Kaufungen, königlicher Hof unter Heinrich I. und Heinrich II.

Kirchdorf bei Lützen, Königshof, 1348 von Karl IV. dem Stifte Merseburg übereignet.

Königsberg im Bodetale soll ein Jagdschloß der sächsischen Kaiser gewesen sein.

Kreuzburg an der Werra unter Otto I. königliches Gut.

Kusel, Cosla. Otto I. gab zu Cosla die Curt. R. dem Münster S. Remigii zurück.

Laach mag auch eine Besitzung der Kaiser gewesen sein, da dort eine Urkunde Friedrichs I. ausgestellt ist. Das Kloster selbst ist 1093 gestiftet, 1156 eingeweiht, 1802 aufgehoben. Jetzt ist es wieder Kloster.

Lorch an der Rems im Jagstkreise, Besitztum der Hohenstaufen. Über dem Orte auf einem Hügel liegt das ehemalige Benediktinerkloster Lorch, das Erbbegräbnis der Hohenstaufen, 1102 vom Herzog Friedrich von Schwaben gegründet. 21 Mitglieder dieses Hauses sind hier begraben. In der Kirche sind viele Grab- und Denkmäler derselben.

Lübeck. Friedrich I. ist nach dem Sturze Heinrichs d. L. in herrlicher Pracht mit Gefolge in die Stadt geritten. Er wird wohl in dem Schloße Heinrichs d. L. Wohnung genommen haben. Karl IV. hat 10 Tage in Lübeck gewohnt in dem Hause Ecke der Königs- und Johannisstraße, das wohl zum Andenken daran „Zum deutschen Kaiser" heißt.

Meißen. Das Burggrafentum ist 1545 ganz „abgekommen". Von der Burggrafenburg ist der runde Turm im 17. Jahrhundert nach allem übrigen auch eingegangen.

Memleben, Imileiba, an der Unstrut, Lieblingsaufenthalt der sächsischen Kaiser. Königshof. Heinrich I. 936 und Otto I. 973 sind hier gestorben; Konrad II. hat hier oft geweilt. Mathilde, Gemahlin Heinrichs I., hat hier angeblich ein Benediktinernonnenkloster gestiftet, das Otto II. und seine Gemahlin Theophanie 981 in eine freie Abtei umgewandelt haben. Noch stehen 2 m dicke Trümmer mit großem Torbogen und daneben befindlicher kleinerer Tür, die wahrscheinlich vom Königshofe der sächsischen Kaiser herrühren. An diese Hauptwand schließt sich rechtwinklig ein weniger dickes Stück Seitenwand an. Um einiges davon entfernt stehen noch andere Mauertrümmer. — Ein noch vorhandenes Mittelschiff einer Kirche mit wohlerhaltenen Bogenstellungen aus der Übergangszeit und im Osten davon ein sehr hoher Altarraum über einer in neuerer Zeit zugedeckten nicht zugäng= lichen Gruft haben sehr verloren durch Kiesaufschüttungen und reiche gärtnerische Anlagen. Das Ganze macht den Eindruck, als seien die Kirchentrümmer nur vorhanden um in den Garten Abwechselung zu bringen. Von Malerei konnte nichts mehr gesehen werden.

Auch nach Memleben wird der Sinkenherd Heinrichs I. verlegt, wo ihn die Boten mit der Nachricht von seiner Wahl zum König

Klosterkirche Memleben.

angetroffen haben sollen. Der Stahlstich in L. Bechsteins Wanderungen durch Thüringen gibt das Bild der Klosterkirche richtig wieder, wie sie noch um die Mitte des vorigen Jahrhunderts zu sehen war. Mem= leben wird auch Pfalz genannt.

München. Im Dome, der Frauenkirche, ist über dem Kaiser= grabe Ludwigs d. B. ein Mausoleum errichtet.

Neuenburg (Naumburg) an der Saale. Kaiser Friedrich I. soll hier gewesen sein beim Landgrafen Ludwig dem Eisernen; vielleicht war es in Freyburg a. U.. In Naumburg sind später mehrere Fürstentage gehalten worden.

Neu=Hohenembs, Churwälsch Alt=Amnchs, Amisium. „1194 hat Heinrich VI., als er Sizilien erobert hatte, etliche seiner Feinde, und zwar vornehme Leute, heraus nach Chur in Rhätien fertigen und in die Feste Amisium legen lassen. Allda sind etlichen die Augen ausgestochen worden, etliche starben in diesem Gefängnis; etliche hat hernach der Kaiser Philipp wieder ledig gelassen." Neu-Hohenembs galt für eine unüberwindliche Festung, von Natur und Kunst aufs beste verwahrt.

Nordhausen, Königshof und Burg, von Heinrich I. zwischen 908 und 914 gegründet. Die Burg soll Heinrich I. seiner Gemahlin Mathilde 929 als Wittum angewiesen haben. Diese stiftete 962 hier ein Kloster in Anwesenheit Ottos I., der 7 Tage hier weilte. Viele Reichstage und Turniere sind hier im 11. und 12. Jahrhunderte gehalten worden; auf dem Conventus Generalis 1105 tat Erzbischof Ruthard Heinrich IV. in den Bann. Friedrich I. schenkte Stadt, Königshof und Burg tauschweise dem Kloster. Im Mai 1180 wurden diese von Heinrich dem Löwen mit Feuer zerstört; doch wurden sie bald wieder aufgebaut. Am 22. Juli 1219 hielt Friedrich II. hier Hof. 1277 zerstörten die Patrizier die Reichsburg. Adolf von Nassau feierte 1294 hier das Weihnachtsfest und blieb bis zum 9. Januar 1295 hier. Der letzte Kaiser, der hier gewesen, Albrecht I., gab 1307 den Platz der zerstörten Reichsburg den Deutschordensrittern.

Osnabrück. König Philipp soll hier einen Reichstag gehalten haben. Das Bistum ist wahrscheinlich von Karl d. Gr. am 1. Oktober 780 gestiftet gelegentlich seiner Anwesenheit bei Einweihung der von ihm erbauten Kirche, der späteren Domkirche. Im Frühjahre 1905 ist man bei Nachgrabungen auf Gewölbe gestoßen, die wahrscheinlich aus der Zeit Karls d. Gr. herstammen.

Palithe am Harze, nicht weit von Walkenried. Die Kaiser feierten hier häufig das Weihnachtsfest; so 975, 1009, 1017, 1052. Coenubium Baledanum von Otto III. Der Königshof war 1017 abgebrannt. Der vertriebene Papst Benedikt III. kam hierher zu Heinrich III.

Pfalz, die, im Rhein bei Kaub. Auf der Insel hat schon ein fränkisches Palatium gestanden. Spuren eines römischen Kastells finden sich nicht. Ludwig d. B. besaß diese Pfalz. Er hat sie nach Aussage des Papstes wieder hergestellt um von hier aus Zollauflagen auf Wein legen und Erpressungen ungestört treiben zu können.

Rheineck hatte ursprünglich eigene Dynasten; es wurde zum ersten Male von Konrad III. erobert und geschleift; zum zweiten Male 1282 von Rudolf v. H. und von Grund aus zerstört. Die späteren Besitzer hießen Erbburggrafen des Reichs. Ehemals war es schon

reichsunmittelbare Burggrafschaft gewesen. Es ist ein Schloß im Ahr=
tale im Kreise Ahrweiler über dem Dörfchen Rheineck.

Rosenburg, Königshof und Burgwarte an der Saale, 965 von
Otto I. der Moritzkirche in Magdeburg überwiesen.

Rottleben, Königshof.

Schildberg bei Seesen am Harze war Jagdschloß der sächsischen
Kaiser, von denen namentlich Heinrich I. sich oft hier aufhielt.

Schwarzburg in Thüringen. Die Burg (Günthers) wurde 1448
vom Kurfürsten Friedrich von Sachsen mit einer starken Besatzung

Die Pfalz bei Kaub.

belegt, die von dem Burggrafen Hartmann von Kirchberg befehligt
wurde, des „heiligen Römischen Reichs Grafen“.

Schweiz. Schirmvögte aus den in der Schweiz angesessenen
Dynastengeschlechtern nahmen des Reiches Rechte wahr. In Zürich
soll schon 889 eine Reichsvogtei errichtet sein. So hatte Rudolf v. H. in
den Waldstätten gewaltet. Die Reichsvögte wurden 1308 vertrieben,
ihre Burgen, Reichsburgen, gebrochen. Die Schweiz war 1032 unter
Konrad II. mit dem Deutschen Reiche vereinigt worden. Im west=
fälischen Frieden 1648 ist die Schweiz vom Reiche losgerissen.

Sologe, Söllichau im Kreise Bitterfeld, nicht weit von der ehemaligen Abtei Buchagia, Königshof. Otto I. 963, Otto III. 994 wohnten hier.

Staufenberg bei Gittelde am Harze, Jagdschloß Heinrichs I. Die Wiese heißt jetzt noch der Kaisergarten. Hier war gleichfalls ein Sinkenherd.

Stromberg hatte gewöhnlich Burggrafen. Es wird mit Nürnberg, Magdeburg und Rheineck zu den „4 Burggraffchaften des Reichs" gezählt. Ein Flecken Stromberg liegt in Westfalen in der Nähe jener Reichsburg an der Lippe, einer früher unabhängigen Graffchaft. Diese ist unter Karl IV. an das Hochstift Münster — vermutlich durch Verpfändung — gekommen.

Traußnitz, die echte, ein festes Schloß bei Naabburg in der Oberpfalz; Friedrich der Schöne wurde hier von Ludwig d. B. gefangen gehalten.

Traußnitz heißt auch die Burg „Landshut" bei der Stadt Landshut in Bayern. Hier ist Konradin geboren.

Treseburg, Jagdschloß Heinrichs I., stand beim Zusammenfluß von Bode und Luppbode.

Veitshöchheim bei Würzburg. Heinrich Raspe, Landgraf von Thüringen, wahrscheinlich hier zum Könige gewählt mit Hilfe des Würzburger Bischofs; daher seine Benennung: „der Pfaffenkönig".

Walbeck an der Wipper, Königshof Ottos II. in der Graffchaft Mansfeld. Otto II. war hier 974. Otto III. schenkte diesen Königshof seiner Gemahlin Adelheid 985.

Wendelstein an der Schwabach, 4 Stunden von Nürnberg gen Roth, gehörte ehedem zur Nürnbergischen Reichsburg.

Westendorf, Vorstadt von Quedlinburg, Ort des Sinkenherdes.

Zeitz. Der Königshof ist 968 dem ersten Bischofe Hugo zur Wohnung überwiesen worden. Seine Stelle nimmt jetzt die Moritzburg ein.

Zörbig ein Burggrafentum oder Landvogtei.

Sonnenberg bei Wiesbaden war nicht Reichseigentum, sondern Eigentum des Kaisers Adolf von Nassau als Grafen von Nassau. Doch hat Ludwig d. B. in Sonnenberg dem Grafen einen Gnadenbrief ausgestellt über Bergwerkslehen.

Die Hohkönigsburg in den Dogefen bei Schlettstadt ist nach dem Heidelberger Schloffe die größte Burg des deutschen Mittelalters. Sie hatte wahrscheinlich bischöfliche Burggrafen. Über ihre Entstehung ist Sicheres nicht bekannt. 1462 wurde sie wegen der Räubereien der Burggrafen vom Bischofe von Straßburg teilweise zerstört: „Sie ist je und allewege ein gemein Edelmanns Gut gewesen".

Rückblicke und Schluß.

In Friedrich I. hatte die Bautätigkeit der deutschen Könige ihre höchste Entwickelung erreicht, ihre herrlichsten Früchte gezeigt. Seine Nachfolger besaßen entweder kein Verlangen nach neuen, noch schöneren Paläften, oder sie suchten, wenn sie wie Friedrich II. ein solches be= saßen, es in Italien zu befriedigen. Meistenteils aber mochte es ihnen an Mitteln fehlen, so daß sie die noch vorhandenen Reichsgüter jeder Art: Königshöfe, Burgen und Paläfte am liebften gegen bares Geld verpfändeten, bis infolge immer neuer Geldaufnahme auf die Pfänder eine Einlösung derselben für das Reich überhaupt unmöglich geworden war. Der Besitzstand des Reichs an unbeweglichem Gute war ja so zahlreich und ausgedehnt gewesen, daß zur Verpfändung und zum Verkauf der Vorrat auf lange Zeit gereicht hat, bis endlich die könig= liche und kaiserliche Würde im Hause Österreich erblich wurde. Einzige Ausnahme bildet unter den Kaisern Karl IV., der neben reichem Eigenbesitz Kunstsinn und Bauluft genug besaß, um für sich bei Lebzeiten seinem Geschmacke und Herrscherbedürfnisse entsprechende Heimstätten zu errichten und in ihnen und in zahlreichen anderen herrlichen Bauten Denkmäler seines Kunstschaffens der Mit= und Nachwelt zu hinterlassen: so in Prag, so in Nürnberg und in Tangermünde.

Im allgemeinen begnügten sich die ihm vorangegangenen und folgenden Kaiser mit den vorhandenen Königswohnungen, die sie auch hier und da nach Bedürfnis veränderten. Das Haus Österreich aber, das von jeher zum Deutschen Reiche eine Sonderstellung eingenommen hatte, — man sagte noch lange in Wien: „draußen im Reiche" —, besaß schon selbst viele Schlösser und sonstige Bauten, die würdig waren Könige aufzunehmen, so daß auf seiten der letzteren nun erst recht wenig Nötigung zu Neubauten vorlag. Gering ist deshalb die Zahl der Pfalzen, festen Schlösser, Burgen und anderer Wohnsitze deutſcher Könige und römiſcher Kaiſer, die in ſpäterer Zeit zum erſten= mal genannt werden.

Bürglitz in Böhmen, Schloß, 5 Meilen weſtlich von Prag. Karl IV. war nur einigemale in den erſten Jahren ſeiner Regierung hier; Wenzelslaus mag oft hier geweſen ſein. Er ſoll vom Altane aus, zu dem aus den königlichen Gemächern eine Tür führte, oft den Hin= richtungen zugeſehen haben. Er hat in ſeiner Eigenſchaft als Kurfürſt von hier Urkunden ausgeſtellt.

Eberstorf an der Mündung der Schwechat in die Donau, 2 Meilen unterhalb Wiens, hatte einen herrlichen kaiſerlichen Palaſt.

Graz. Hier befindet ſich ein Mauſoleum des Kaiſers Ferdinands II.

Hall im Inntale. Kaiſer Ferdinand I. hat ein Palatium und an dieſes ein Frauenkloſter mit ſehr ſchöner Kirche anbauen laſſen, damit ſeine Kinder darin erzogen würden.

Innsbruck. Die „Burg" war eigentlich erzherzogliche Reſidenz. Beſonderen Glanz erhielt Innsbruck durch den häufigen Aufenthalt Maximilians I., als er Kaiſer war. Die Burg war von ihm auf= geführt und iſt durch Maria Thereſia umgebaut. Maximilians Grabmal iſt in der Hof= und Franziskanerkirche, eine großartige Leiſtung deut= ſcher Kunſt.

Karlſtein bei Prag, faſt noch ganz erhalten. Es war dieſes feſte Schloß von Karl IV. zur Aufbewahrung der Reichskleinodien und von allem Wichtigen, Archiven und Heiligtümern, erbaut; als Ort, wohin er ſich aus Prag in kurzer Zeit zurückziehen könnte, um ſich ſelbſt zu leben; dem äußeren Scheine nach ein Muſter aller Befeſti= gungskunſt, 1348—1357, in Wahrheit ein Schmuckſtück und Schatz= käſtlein. Von 2 Türmen nahm der eine in einer Kapelle Reliquien und die Inſignien Böhmens, der andere die Reliquien und Inſignien des römiſchen Reiches auf. Alle Schätze waren der Hut eines Burggrafen mit 20 Kriegsmännern und 22 Lehnsträgern der umliegenden Güter anvertraut. Sein Nachfolger Wenzel beſuchte die Burg nur, wenn er dort jagen wollte; Sigismund dagegen, ſo oft er nach Böhmen kam. Doch dieſer verkaufte den bedeutendſten Teil der Koſtbarkeiten für Geld, damit er ſein Kriegsheer lohnen konnte. Den größten Teil der Re= liquien verſetzte er an die Stadt Nürnberg für 50000 Gulden. Rudolf II. ließ den teilweiſe verfallenen Karlſtein wieder herſtellen. 1622 hob Ferdinand II. das Burggrafenamt vom Karlſtein auf und übergab die Burg ſeiner Gemahlin und allen folgenden Königinnen Böhmens als Leibgedinge und Tafelgut. Gebaut hatte ſie der Dombaumeiſter Matthias

von Arras. Die Reichskleinodien sollen 1424 von hier über Plinten=
burg in Ungarn nach Nürnberg gebracht worden sein.

Landau. Karl V. war 1552 sechzehn Tage lang hier, weil es
ihm hier so sehr gefallen. Es ist aber aus diesem längeren Aufenthalte
noch nicht zu ersehen, ob daselbst eine besondere kaiserliche Wohnung war.

Der Karlstein.

Landskrone im Ahrtale, Reichsburg. Philipp der Hohenstaufe
soll sie gelegentlich seines Zuges nach Aachen zur Kaiserkrönung 1205
gegen den Welfen Otto IV. gebaut haben. 1677 ist sie durch die Fran=
zosen zerstört worden; die Burgkapelle besteht noch.

Laxemburg. Das kaiserliche Schloß war als herzogliche Residenz
um 1377 gegründet; das Neuschloß, Lieblingssitz Josephs II. und Franzs II.,
1600 erbaut.

Mergentheim. König Wenzel verlängerte hier 1387 den Land=
frieden auf mehrere Jahre; es traten ihm hier fast alle deutschen
Fürsten bei.

Neustadt bei Wien. Das Schloß daselbst ist von Ferdinand I. erneuert worden.

Nördlingen. Von hier aus hat Karl IV. eine Urkunde ausgestellt, welche Gelnhausen zur Reichsstadt erklärt. Es ist anzunehmen, daß sich hier eine kaiserliche Wohnung befand.

Prag. Auf der Ostseite des Hradschins steht die von Karl IV. begonnene kaiserliche Burg, welche die Domkirche und andere Hofgebäude umschließt.

Steyer. Hier war zu Zeiten Merians eine kaiserliche Burg.

Wien. Kaiserliche oder Hofburg, nicht besonders prächtig erbaut. Um den großen Hof liegen die kaiserliche Kanzlei, das innere Schloß oder die eigentliche Residenz, der Stadtwall mit daraufgebautem Gange, Galerie genannt, die neue Burg. In der Residenz befinden sich: die Krone, das Zepter, der Reichsapfel — von Kaiser Rudolf II. stammend. Seit 1796 enthält die Schatzkammer die Reichskleinodien des heiligen Römischen Reichs, die aus der Pfalzkapelle in Aachen hierhergebracht worden sind. Im Schlosse ist die kaiserliche Kapelle. — In der Gruft des Stefansdomes sind seit Kaiser Friedrich III. die Eingeweide aller verstorbenen Mitglieder des kaiserlichen Hauses beigesetzt; die Särge mit den Leibern bei den Kapuzinern. Im Dome steht das marmorne Grabmal Friedrichs III. Der deutsche König und römische Kaiser Friedrich II. war 1236 mit seinem Sohne Konrad und mehreren Fürsten nach Wien gekommen und ist dort 3 Monate lang geblieben. 1463 ist Kaiser Friedrich IV. in seiner Burg zu Wien von seinen eigenen Bürgern belagert worden. Als Hoflager der deutschen Kaiser gewann Wien neuen Glanz. Vielleicht residierten die früheren Kaiser in den Gebäuden der Burg, die Leopold VII. von Österreich da gegründet hatte, wo jetzt die Hofburg steht.

Bauherren.

Pippin von Heristal: Suidbertuswerth (Kaiserswerth).

Karl Martell: Salzburg, Karlburg.

Pippin d. Kl.: Frankfurt.

Karl d. Gr.: Aachen, Dornburg a. E., Duisburg, Frankfurt, Halle a. S., Hamburg, Heilbronn, Heristall a. d. W., Ingelheim, Kaiserslautern, Karlburg, Kalsmunt, Nymwegen, Osnabrück, Salzburg, Salzwedel, Tribur, Wassertrudingen, Worms.

Ludwig d. Fr.: Frankfurt.

Lothar I.: Landskron bei Oppenheim.

Ludwig d. D.: Flamersheim.

Arnulf v. K.: Randersdorf, Scheyern.

Heinrich I.: Allstedt, Kyffhausen, Merseburg, Nürnberg, Quedlinburg, Regenstein, Salzwedel, Scharfenberg b. Meißen, Siegenburg, Stendal, Tangermünde, Tilleda, Werben a. d. Elbe, Werle.

Otto I.: Magdeburg, Merseburg, Scharfenberg b. Meißen.

Heinrich II.: Goslar, Nürnberg.

Konrad II.: Speyer.

Heinrich III.: Goslar, Nürnberg.

Heinrich IV.: Hohensyburg, Harzburg.

Heinrich V.: Trifels.

Konrad III.: Frankfurt, Gelnhausen.

Friedrich I.: Bonneburg, Eger, Gelnhausen, Hagenau i. E., Harzburg, Ingelheim, Kaiserslautern, Kaiserswerth, Nürnberg, Nymwegen, Tilleda, Trifels.

Philipp: Landskrone im Ahrthale.

Rudolf von Habsburg: Friedberg i. d. W., Kyffhausen.

Heinrich VII.: Trifels.

Ludwig d. B., Frankfurt, Trifels, Pfalz i. Rh.

Karl IV.: Gelnhausen, Ingelheim, Karlstein b. Prag, Prag, Tangermünde.

Ruprecht v. d. Pf.: Friedbrg i. d. W., Gelnhausen.

Maximilian I.: Innsbruck.

Ferdinand I.: Hall im Inntale.

Der Königsstuhl bei Rhense.

Der Königsstuhl bei Rhense am Rheine südlich von Koblenz war keine Gerichtsstätte, sondern ein oben offener steinerner Bau, auf welchem die Wahl des Königs von den Kurfürsten vorgenommen werden sollte. Rhense trat zuerst hervor mit der Vorwahl Heinrichs VII. auf dem Felde am Rhein.

Die Lage von Rhense erwies sich zum Zusammentritt der Kurfürsten behufs Beratung über Reichsangelegenheiten, zur Abschließung des Landfriedens, zur Vornahme der Königswahl als vorteilhaft, weil hier die Länder der vier Kurfürsten Köln mit Rhense, Trier mit Kapellen und Stolzenfels, Mainz mit Lahnstein und die Pfalz mit Brau-

bach zusammenstießen. Auf Antrieb des Kurfürsten Balduin von Trier
wurde am 16. (15.) Juli 1338 der Kurverein zu Rhense gestiftet. Hier
wurde am 11. Juli 1346 die Vorwahl Karls IV. getroffen; am 20. August
1400 wurde der faule Wenzel abgesetzt und das Reich für erledigt er=
klärt, und am 21. August Ruprecht von der Pfalz zum Könige erwählt.
Auf Befehl Karls IV. wurde 1376 der steinerne Königsstuhl errichtet,
und den Bürgern von Rhense die Sorge für die Unterhaltung desselben
gegen Zollfreiheit übergeben. — Der Stuhl bestand aus einem achtseitigen
offenen Bau, der als Gewölbe auf acht steinernen Pfeilern ruhte und
sieben steinerne Sitze für die Kurfürsten und einen Sitz für den König
enthielt. Die Versammlung fand unter freiem Himmel statt. Zum
letzten Male ist er benutzt worden 1496 zur Zeit Maximilians I. Der
mittlerweile verfallene Königsstuhl war 1624 von den Rhensern aus
alter Verpflichtung in alter Gestalt wieder aufgebaut worden, aber nicht
mehr benutzt. 1794 zerstörten ihn die Franzosen; 1801 waren nur noch
einige Steine am Orte. 1843 ist ein Verein zum Wiederaufbau des
Stuhles zusammengetreten, und seit 1850 steht dieses Denkmal wieder
aufrecht da.

Reichsforsten.

Aachen. An die kaiserliche Pfalz schloß sich nach Südosten ein
Wildgehege zur Aufnahme von Wild für den Bedürfnisfall an mit
Fischteichen. Der Wald reichte bis Burtscheid. Die großen Jagdgebiete
aber liegen in den Waldgebirgen um Aachen, namentlich in dem
Ardennerwald. Bodfeld. Der Wald bei der Pfalz Heinrichs I. war
sein Eigentum. Der Dreieichenhain bei Offenbach war von Frankfurt
aus leicht zu erreichen. Die Vögte dieses Reichsforstes waren die Herren
von Hagen. Zur Pfalz in Eger gehörte ein großer Forst. Sinken=
herde gibt es mehrere, in Bodfeld, Braunschweig, Herzberg, Mem=
leben, Scharzfeld, Schildberg, Seesen, Staufenberg bei Gittelde, Westen=
dorf bei Quedlinburg: Besitzungen der sächsischen Kaiser. Zu Gelnhausen
gehörten große umliegende Reichsforsten, die von 12 Reichsförstern ver=
waltet wurden. Friedrich I. erbaute Jagdschlösser in Büdingen, Wächters=
bach und Ortensburg. Um die kaiserliche Pfalz zu Hagenau herum
ging ein großer Wald (Hag) mit großen Teichen (Woog). Sonstige
Reichsforsten waren bei Hals bei Passau, im Nord= wie im Südharze,
auf der Höhe nach Mainz zu bei Ingelheim, der Wasgauwald mit

Fischerei bei Kaiserslautern, das Krenenholz bei Elze, der Luſſard bei Rothenburg o. T., der Wald bei Limburg. Der zur Burg zu Nürnberg früher gehörige Reichswald ging ſpäter in den Beſitz der Stadt über. 1362 gab die Stadt vor dem vom Kaiſer eingeſetzten Fürſtengerichte die Erklärung ab, daß ſie mit den Reichswäldern ge- ſtiftet ſei, und daß ſie dieſe von alters her genoſſen habe. Dieſer Reichswald betrug noch 1890 mehr als 90000 Tagewerk, das ſind 30665,7 ha. Nach Konrad Celtis Angabe habe er 16 deutſche Meilen im Umfang gehabt. Bei Öttingen war günſtige Gelegenheit zum Jagen, Fiſchen und Vogelſtellen. Im Selzerwald bei Selz, Salecio, hat Otto I. ſeiner Gemahlin Adelheid einen Denkſtein ſetzen laſſen. Der Reichsforſt bei Tribur dehnte ſich aus zwiſchen Stockſtadt am Main und Stockſtadt am Rhein. Es wird ein Reichsforſt bei Waldshut erwähnt, in welchem ſich ein kleines Jagdſchloß mit einem Gefängnis- turme befand. Der Reichsforſt bei Wülzburg an der Altmühl wurde ſchon von Pippin dem Kleinen und von Karl dem Großen benutzt. Eine vollſtändige Aufzählung der Reichsforſten gibt H. Begiebing: „Die Jagd im Leben der ſaliſchen Kaiſer".

Die Reichskleinodien.

Die von Karls d. Gr. Zeiten her in Aachen aufbewahrten Reichs- kleinodien beſtanden aus dem Schwerte Karls d. Gr., dem Zeremonien- buche, dem Buche, welches den Eid enthält, den ein neu gewählter König dem Dechanten und dem Kapitel der königlichen Kirchen in Aachen ſchwören muß, und dem Kleinod, in welchem des erſten Märtyrers Stephanus Blut und Gebein enthalten ſind. Sie wurden zu jeder Krönung herbeigeholt. Fand die Krönung an einem anderen Orte als in Aachen ſtatt, ſo wurden ſie dahin gebracht. Arnulf ließ die Reichskleinodien in Forchheim aufbewahren; nach ihm kamen ſie wahrſcheinlich wieder nach Aachen. Als Heinrich I. in Fritzlar gewählt worden war, wurden daſelbſt ihm als Reichskleinodien zu ſeiner Krönung übergeben: die Krone, die goldenen Spangen mit dem kaiſer- lichen Gewand, das Schwert der alten Könige. — Es ſcheint, als ob man ſchon damals an der Echtheit des Schwertes Karls d. Gr. zweifelte. — Ihnen fügte Heinrich I. hinzu den heiligen Speer des großen Konſtantin. Er hatte ſich denſelben vom Burgundenkönige Rudolf erbeten und erhalten. 1032 kam hinzu die Lanze des heiligen

Moritz. — Manche Kaiser scheinen die Reichskleinodien überhaupt nicht an einem sicheren Orte aufbewahrt, sondern bei sich behalten und auf ihren Reisen durch das Reich mit sich geführt zu haben. So bemächtigte sich der spätere Kaiser Heinrich II. sofort nach dem Tode Ottos III. derselben; so erzählt Zeiller aus Rufach: 1068 erregten die Bürger gegen Heinrich IV. wegen seiner Hofleute Aufruhr, in welchem sie dem Kaiser Krone, Apfel, Zepter und andern Ornat nahmen. Der Kaiser war in der Stadt selbst; er bestrafte die Bürger durch Zerstörung der Stadt. Vielleicht gründete sich auf das Vorkommen solcher Vorfälle die Bestimmung Heinrichs V., daß die Reichskleinodien nach seinem Tode auf den Trifels gebracht werden sollten. Damit stimmt wohl die andre Angabe überein, daß die Wegnahme der Reichskleinodien auch ihm selbst 1106 widerfahren sei. — Es galt nun die Annahme: wer den Trifels und die Reichskleinodien besitzt, hat nach dem Ableben des Kaisers die größte Anwartschaft auf den Thron. Als aber 1137 beim Tode Lothars III. sein Schwiegersohn Heinrich der Stolze, Herzog von Bayern und Sachsen, diese Ansprüche für sich erhob, wählte man ihn, der Welfe war, doch nicht: seine Hausmacht schien bedrohlich werden zu können. In dem Palaste, den Friedrich I. in Hagenau 1164 sich erbaut hatte, war die streitstöckige Pfalzkapelle zur Aufbewahrung der Reichskleinodien besonders angelegt. Sie bestanden damals besonders aus Zepter, Apfel, Schwert. Sie blieben hier, bis sie 1209 nach der Ermordung Philipps auf den Trifels vom Bischof von Speyer ohne Mitwissen der Bürgerschaft von Hagenau gebracht und an Otto IV. ausgeliefert wurden. 1262 vermehrte Richard von Cornwallis den Reichsschatz zu Aachen mit Krone, Zepter, Reichsapfel und kostbaren Gewändern. Demnach scheinen Teile der Reichskleinodien inzwischen abhanden gekommen zu sein. 1269 wurden sie an Wilhelm von Holland ausgeliefert. Unter Adolf von Nassau sind sie wieder auf dem Trifels gewesen.

Karl IV. hatte die Burg Karlstein zur Aufbewahrung der Reichskleinodien, Archive, Heiligtümer bestimmt. Hier blieben die Reichskleinodien bis 1424. Sie sollen in diesem Jahre zunächst nach Plintenburg in Ungarn und von da nach Nürnberg gebracht worden sein. Von Nürnberg aus wurden sie wie früher von Aachen aus an den jedesmaligen Ort der Kaiserkrönung geschickt. Sie bestanden damals aus der königlichen Krone, dem dalmatinischen Rocke (wohl eine sarazenische Arbeit späterer Zeit), den Choralkappen, dem Mantel und kaiserlichen Wappenrocke, dem Reichsapfel, dem Schwerte Karls d. Gr., dem goldenen Zepter. Daneben an Reliquien: einem Stücke vom Kreuze

Chrifti, dem Eifen vom Speere, mit dem Chrifti Seite geöffnet wurde, u. a. Diefe Sachen befanden fich in einem eichenen, mit filbernen Zieraten geschmückten kunftvollen Schreine, welcher an Ketten von der Decke herabhing, in der Spital= oder heiligen Geiftkirche, bis der Schrein 1793 entleert und die Kneinodien nach Wien gebracht worden find. Dort ruhen fie in der Schatzkammer der kaiferlichen Hofburg. Eine andere Aufzählung der Reichskleinodien nennt: vollftändiger Ornat in Unter= und Obergewändern, breite Stola, Strümpfe, Sandalen, Handschuhe, Krone, Zepter, Reichsapfel; auch drei Schwerter, eine Lanzenfpitze und anderes gehörten dazu. Die im Grabe Karls d. Gr. bei deffen Öffnung 1798 aufgefundenen Reichsinfignien wurden ebendahin gebracht.

Begräbnisftätten
der deutschen Könige und römischen Kaiſer.

Pippin d. Kl. ftirbt am 24. September 768 zu Paris, beigefetzt in S. Denis.

Karl d. Gr. † in Aachen am 28. Januar 814, beigefetzt in einem fteinernen Gewölbe der Palaftkapelle in Aachen. f. Aachen.

Ludwig d. Fr. † am 20. Juni 840 auf einer Rheininfel bei Ingelheim, beigefetzt im Arnulfsklofter zu Metz, fpäter übergeführt nach Mainz.

Lothar I. † am 28. September 855 zu Prüm i. d. E. und liegt dafelbft begraben. Sein Grab ift 1860 wieder aufgedeckt worden.

Ludwig d. D. † am 28. Auguft 876 in der Pfalz zu Srankfurt, beige= fetzt in der fürftlichen Abtei Lorsch in Heffen.

Lothar II. † am 8. Auguft 869 in Piacenza auf der Rückreife von Rom.

Ludwig II. † am 12. Auguft 875 bei Brescia, beigefetzt in der Am= brofiuskirche in Mailand.

Karl d. K. † am 6. Oktober 877 nördlich vom Mont Cenis in einem Weiler im Thale des Arc in Savoien.

Ludwig III. † am 28. Januar 882 in Srankfurt, beigefetzt in der Abtei Lorsch.

Karlmann von Bayern † am 22. September 880, beigefetzt vermut= lich in Alt=Ötting.

Arnulf von Kärnten † am 8. Dezember 899 in Regensburg, bei= gefetzt dafelbft in der Reichsabtei S. Emmeram.

Karl d. D. † am 13. oder 15. Januar 888 zu Neidingen a. D., bei= gefetzt im Klofter Reichenau auf einer Bodenfeeinfel.

Ludwig d. Kind † am 24. September 911, beigefetzt in der Reichs= abtei S. Emmeram in Regensburg.

Konrad I. † am 23. Dezember 918 in Fulda, beigesetzt in der Kloster=
kirche daselbst.

Heinrich I. † am 2. Juli 936 in Memleben, beigesetzt in der Stiftskirche
zu Quedlinburg.

Otto I. † am 7. Mai 973 in Memleben, beigesetzt im alten Dome,
später übergeführt in den neuen Dom zu Magdeburg.

Otto II. im Kampfe gegen die Griechen und Sarazenen verwundet, † in
Rom am 7. Dezember 983, beigesetzt in der Vorhalle der alten
Peterskirche.

Otto III. † am 23. Januar 1002 zu Paterno bei Viterbo, beigesetzt in
der Palastkapelle zu Aachen.

Heinrich II. † in der Pfalz zu Grona am 13. Juli 1024, beigesetzt im
Dome zu Bamberg.

Konrad II. † am 4. Juni 1039 in Utrecht; seine Eingeweide sind da=
selbst begraben, sein Leib beigesetzt im Kaiserchore des Domes zu
Speyer.

Heinrich III. † am 5. Oktober 1056 in Bodfeld im Harze; sein Herz
wurde aufbewahrt in dem Dome der Kaiserpfalz zu Goslar, sein
Leib im Dome zu Speyer.

Heinrich IV. † am 7. August 1106 in Lüttich und ist daselbst beerdigt;
wieder ausgegraben wurde sein Leib in Speyer außerhalb des
Domes in der an der Nordostecke befindlichen S. Afrakapelle in
einem steinernen Sarge aufbewahrt, 1111 im Dome beigesetzt.

Rudolf von Schwaben † am 15. Oktober 1080 in der Schlacht bei
Merseburg, beigesetzt im Dome zu Merseburg; daselbst wird auch
die ihm abgehauene Hand aufbewahrt.

Heinrich V. † am 23. Mai 1125 in Nymwegen, beigesetzt im Dome
zu Speyer.

Lothar III. von Sachsen † am 3. Dezember 1137 auf seinem Rückzuge
aus Italien in Breitenwang bei Reutte in Tirol, beigesetzt in der
Benedektinerabtei S. S. Peter und Paul zu Königslutter.

Konrad III. † am 15. Februar 1152 in Bamberg, beigesetzt im Dome
daselbst.

Friedrich I. ertrank am 10. Juni 1190 im Salef, beigesetzt in Antiochien.

Heinrich VI. † am 28. September 1197 in Palermo, beigesetzt in einer
Kapelle des Domes zu Palermo.

Philipp ermordet am 21. Juni 1208 auf der Babenburg, beigesetzt
in Lorch.

Otto IV. † am 19. Mai 1218 auf der Harzburg, beigesetzt im Dome
zu Braunschweig.

Friedrich II. † am 13. Dezember 1250 in Gefangenschaft zu Firenzuola in Apulien, beigesetzt im Dome zu Palermo neben Heinrich VI.

Konrad IV. † am 21. Mai 1254 im Lager von Lavallo, beigesetzt im Dome zu Messina.

Konradin am 29. Oktober 1268 mit dem Beile enthauptet auf dem Karmeliter-Markte zu Neapel, an der Küste im Sande verscharrt mit Schild und Helm.

Heinrich Raspe † am 16. Februar 1247 auf der Wartburg, beigesetzt daselbst.

Wilhelm von Holland fiel im Kampfe gegen die Friesen am 28. Februar 1256, beigesetzt 1282 in der Abtei zu Middelburg.

Richard von Cornwallis am 2. April 1272 bei Belagerung einer Stadt in England erschossen, beigesetzt in der Abtei Hayles.

Rudolf von Habsburg † am 15. Juli 1291 in Germersheim, beigesetzt im Dome zu Speyer.

Adolf von Nassau fiel in der Schlacht bei Göllheim am 2. Juli 1298, beigesetzt 1313 im Dome zu Speyer.

Albrecht I. ermordet am 1. Mai 1308 bei Rheinfelden in der Schweiz, beigesetzt im Kloster Rosenthal, wieder ausgegraben und mit der Leiche Adolfs beigesetzt im Dome zu Speyer.

Heinrich VII. † am 24. August 1313 in Buonconvento bei Siena und auf dem städtischen Friedhofe in Pisa begraben.

Ludwig d. B. verunglückt auf der Jagd am 11. Oktober 1347 bei Fürstenfeld unweit München, beigesetzt in der Frauenkirche zu München. Denkmal von 1622.

Friedrich III. † am 13. Januar 1330 auf dem Guttensteine, beigesetzt im Kloster zu Mauerbach. 1783 wurden bei Aufhebung dieses Klosters seine Gebeine nach Wien in den Stefansdom übergeführt.

Karl IV. † am 29. November 1378 zu Prag, beigesetzt daselbst. Denkmal von 1848.

Günther von Schwarzburg † am 14. Juni 1349 zu Frankfurt, beigesetzt im Dome daselbst. Denkmal von 1352.

Wenzeslaus † am 16. August 1419 zu Prag, beigesetzt daselbst; die Grabstätte ist im Hussitenkriege zerstört worden.

Ruprecht v. d. Pfalz † am 18. Mai 1410 in Oppenheim, beigesetzt in Heidelberg.

Sigismund † am 9. Dezember 1437 in Znaim.

Albrecht II. † am 27. Oktober 1439 in Langendorf zwischen Gran und Wien, beigesetzt in Stuhlweißenburg in der Gruft der ungarischen Könige.

Friedrich IV. † am 19. August 1493 zu Linz, beigesetzt in Wien.

Maximilian I. † am 12. Januar 1519 in Wels, beigesetzt in Wiener-Neustadt.

Karl V. † am 21. September 1558 in seiner Wohnung, einem Land-hause beim Kloster San Juste bei Placencia in Estremadura; als erster beigesetzt im Escorial.

Ferdinand I. † am 25. Juli 1564 in Wien, beigesetzt daselbst.

Heinrich der Löwe † am 6. August 1195 in Braunschweig, beigesetzt im Dome daselbst.

Wittekind † 807 und in Engern begraben. Seine Gebeine sollen in der Stiftskirche zu Osnabrück in einem Altaraufsatze ruhen; nach einem anderen Berichte sind sie von Heinrich I. nach Paderborn übergeführt worden.

Eginhard, † am 14. März 840, und Emma, † 836, sind in mar-mornen Sarkophagen im Klostergarten zu Seligenstadt am Maine begraben. 1810 sind die Sarkophage samt Inhalt in der Begräb-niskapelle zu Erbach im Odenwalde aufgestellt worden.

Begräbnisstätten für die Kaiser gab es nur zu Aachen in der Gruft der Palastkapelle, in Speyer im Kaiserchore des Domes und in Regensburg in der Reichsabtei S. Emmeram. Kaiserliche Doppelkapellen hat es gegeben in Eger, Goslar und Nürnberg, höchstwahrscheinlich noch auf der Bonneburg und in Gelnhausen; dreigeschossige in Aachen und in Hagenau. Die Untergeschosse derselben sind nie zu Begräbnis-stätten bestimmt gewesen, sondern für die Teilnahme der Bediensteten an den Andachten.

Wohl aber haben die Fürstenfamilien, aus denen deutsche Könige hervorgegangen sind, eigene Erbbegräbnisse gehabt, so die karolingische in der gefürsteten Abtei zu Lorsch in Hessen, die sächsische im Dome zu Braunschweig, die hohenstaufische im Benediktinerkloster zu Lorch a. d. Rems, die bayerische in der Stiftskirche zu Altötting, die welfische in der Oswaldskapelle des Klosters zu Weingarten bei Ravensburg, die österreichische in der Gruft bei den Kapuzinern für die Leiber, in der Gruft des Stefansdomes für die Eingeweide.

Die Angehörigen des Hohenzollernhauses fanden ihre letzte Ruhe-stätte bis 1488 in der Kirche des ehemaligen Nonnenklosters Maria-Gnadenthal in Stetten, nahe bei Hechingen.

Verzeichnis der als Quellen benutzten Bücher und Schriften.

Bavaria, Landes- und Volkskunde.

Baedeker, Reisehandbücher.

Begiebing, Die Jagd im Leben der salischen Kaiser.

Benkard, Die Reichspaläste zu Tribur, Ingelheim u. a.

Cannabich, Allgemeine statistische Taschenbibliothek.

Chronicon Gotwicense.

Daniel, Deutschland.

Dieffenbach, Geschichte der Stadt und Burg Friedberg i. W.

Essenwein, Die romanische und gothische Baukunst.

Gottschalck, Die Ritterburgen Deutschlands.

Griese, Lübeck.

Gruber, Die Kaiserburg zu Eger.

Gsell-Sels, Die Schweiz.

Hönn, Lexicon topographicum.

Hundshagen, Kaiser Friedrichs I. Palast in der Burg zu Gelnhausen.

Koch, Der Dom zu Magdeburg.

Martius, Wanderungen durch einen Teil von Franken und Thüringen.

Meyer, Reisehandbücher.

Münster, Kosmographie.

Mummenhoff, Altnürnberg.

Neumann, Deutsches Reich.

Oberthür, Das Frankenland.

Österley, Historisch-geographisches Wörterbuch.

Otte, Geschichte der deutschen Baukunst.

Rhoen, Die karolingische Pfalz zu Aachen.

Ruhl, Die Gebäude des Mittelalters zu Gelnhausen.

Schulz, Hofburgen.

Simrock, Rheinland.

Storck, Darstellungen aus dem preußischen Rhein- und Mosellande.

Weber, Weltgeschichte.

Zeiller und Merian, Topographie.

Verschiedene Zeitschriften.

Ortsverzeichnis.

Königsstuhl bei Elze S. 48. 121
Werla S. 55, 92
Königsdahlum S. 61
Goslar S. 77
Bruchhausen S. 108
Finkenherd S. 120